改变教育的十二个关键词

——啃读教育经典

郝晓东 著

中原出版传媒集团
中原传媒股份公司

大象出版社
·郑州·

图书在版编目(CIP)数据

改变教育的十二个关键词：啃读教育经典/郝晓东著.—郑州：大象出版社，2018.11（2025.12重印）
ISBN 978-7-5347-9833-7

Ⅰ.①改… Ⅱ.①郝… Ⅲ.①教育学 Ⅳ.①G40

中国版本图书馆CIP数据核字(2018)第128278号

改变教育的十二个关键词

GAIBIAN JIAOYU DE SHIER GE GUANJIANCI

——啃读教育经典

郝晓东 著

出版人 汪林中
责任编辑 梁金蓝
责任校对 裴红燕
书籍设计 王晶晶

出版发行 大象出版社(郑州市郑东新区祥盛街27号 邮政编码450016)
发行科 0371-63863551 总编室 0371-65597936
网 址 www.daxiang.cn
印 刷 新乡市豫北印务有限公司
经 销 各地新华书店经销
开 本 787mm×1092mm 1/16
印 张 14.25
字 数 191千字
版 次 2018年11月第1版 2025年12月第5次印刷
定 价 35.00元

印厂地址 新乡县经济开发区富兴路东段
邮政编码 453000 电话 0373-5635065

改变教育必先改变自我(代序)

汤　勇

当我们一脚踏进教育之河，就注定了我们在改变教育的同时，也在被教育改变着。 但，改变并不一定意味着发展与成功。

当我们赋予教育以纯粹、学校以宁静、孩子以陪伴、心灵以自由时，教育就变得简单而深邃，教育的一切便在静悄悄地发展着、成长着；当我们赋予教育以功利、学校以喧嚣、成长以“速成”时，教育就变得混浊而浅薄、世俗，所有的改变、所有的成功也就注定是一种失败。

这些年的中国教育，身处其中的每一个教育人，都感受到了教育发展的巨大成就以及由教育发展带来的社会生活的进步与变化。 但是，我们也强烈地感受到了，由于社会的快速变革而教育体制、机制的滞后与不匹配所带来的教育供给与社会需求之间的矛盾越来越尖锐，还有教育的功利与喧嚣所带来的唯分数至上，让教育在远离本真和偏离常识的路上越走越远，如果不认识到这一点，便是没有教育良知的。

当雪崩来临的时候，每一片雪花都觉得自己没有责任，都在谴责其他雪花的罪过，而压根儿没想到自己的责任。 面对当下中国教育，很多人都似乎觉得与己无关，都把自己置于旁人的地位，有的在牢骚与埋怨，有的在愤慨与谩骂，有的在谴责与鞭挞，而且这些声音似乎代表了教育当下的主流，也似乎湮没了教育的一切。 平心而论，这一切的一切，除了发泄个人的情绪，排遣自己的怒火，除了丧失对教育的信心，除了徒增世人对教育的绝望，你想想，还会有什么作用和效果呢？

世间人和事，或在不断自我完善与立足当下的行动中走向强大，或在消极的自我沉沦与等待观望中走向灭亡，关键取决于我们以怎样的职业态度和人生价值取向去面对人性的弱点，去面对你所不满意的对象，去改变你力所能及范围内的现象、现实与现状。

最终决定教育改变的，同样取决于我们每个教育人的态度与行动：是怨天尤人，停步不前，还是中流击水，逆流而上？

有人选择了怨天尤人，停步不前，做教育的陌路人和旁观者。 这些人往往拿着一些捕风捉影的东西说事，凭着一些似是而非的现象说长道短，甚至针对一些模棱两可的问题大放厥词。 他们往往缺乏一种包容的心态，缺乏一种建设的姿态，更缺乏一种从我做起、从眼下做起的果断行动与奋发有为的状态。

有人选择了中流击水，逆流而上，做教育的智者、思者与行者。 他们敢于面对现实，不断挑战；他们不惧艰险，勇于突围；他们仰望教育的星空，憧憬着教育的未来；他们不期待奇迹的发生，不奢望教育自身的涅槃；他们立足的是从当下的一个孩子、一间教室、一所学校、一个区域的改变做起；他们相信的是有梦想就有希望，有付出就有收获，有坚持就必有奇迹；他们做着自己觉得应该做的事，改变着自己能够改变的一切。

晓东老师选择了中流击水，逆流而上。 他既是教育的智者，用不懈的追求开辟真正属于自己的精神家园；他也是教育的行者，用行动耕耘着自己的一方教育园地；他更是教育的思者，用思想照耀着身边的同路人朝着光亮的方向执着前行。

他来自教师之家，也曾有过中学教师的经历，这注定了他对教育的那种情怀，那种虔诚，那份责任，那份使命。他曾带领过近三千名大学生进行支教工作，从山西原平到海南五指山，从千里太行到椰风蕉林，走进过一百多所农村中小学校的课堂。他和大家一起欢笑，一起阅读，一起思考。

他曾在身边“重要他人”的影响、引领下，和身边另一群“相同尺码的人”，在孕育教育新希望的新教育天地里徜徉，在经典的共读共写、叙事的交流共享中陶醉。从网络师范学院到忻州师范学院，他经历着名家思想与大学浓厚学术氛围的熏陶浸润，更有了一段段与经典从邂逅到深度对话的弥足珍贵的心路历程。或许是积淀的习惯使然，或许是精神成长的必然，或许是工作需要的当然，他开始读怀特海，读博尔诺夫，读阿德勒。从《教育的目的》《教育人类学》《儿童的人格教育》三本书中，他读出了“改变教育的十二个关键词”——“目的与节奏”“遭遇与危机”“空间与时间”“气氛与信任”“语言与深描”“自卑与超越”。这些是不是改变教育的“关键”，有可能仁智各见，这其实并不重要，重要的是对教育的根本性影响，以及由此引发的对教育本源的哲学思考，却是不容置疑的。

他读出了“教育只有一个主题，那就是五彩缤纷的生活”，“因为教育的全部目的就是使人具有活跃的智慧”，就在于通过知识理解生活，生活既是教育的起点，又是教育的归宿。一切学习应该指向生活，“教育如果不以激发首创精神开始，不以促进这种精神而结束，那必然是错误的教育”。

他读出了“浪漫—精确—综合”的教育节奏。从广博的、轻松的、整体的、形象的、以自由为内核的“浪漫”，到规律的、严密的、系统的、细节的、以逻辑（约束）为内核的“精确”，再到知识的融通、能力的提升、智慧的增长、习惯的养成、以风格为内核的“综合”，这就是怀特海的教育节奏。细细思量，这也正是教育的常识。可惜，我们今天的教育节奏，有些被“分数”给打乱了，教育的一些基本常识，也被升学率给扭曲了。

他读出了“遭遇”与“危机”这些“非连续性的教育形式”在成为个人成

长“新的起点”中的作用。“遭遇”与“危机”虽不可预测，但却是我们完整人生不可或缺的组成部分；也正是在这些突然出现的“遭遇”与“危机”中，我们才认识了自我、成长了自我。

他读出了“空间”与“时间”的哲学思考对教育的意义——这些看似与教育无关的原始概念，却无时、无处不在地影响着甚至控制着我们的教育活动和教育行为。在给予孩子具有安全感的“空间”的同时，鼓励孩子去拓展更广阔的“空间”。对昨天的解释，为的是获得今天更好的成长；“既不要停留在时间要求的后面，也不要不耐烦地想赶到时间要求的前面去”。忍耐，在教育被急功近利完全绑架的今天，是一种多么高贵而伟大的教育品质！

他读出了影响“教育气氛”的几个中心词——安全感、良好情绪、信任；读出了语言的符号意义、本质特点、表达方式……

“其实，这些哲学的思考，都是一些教育的常识，认真思考，我们便有一种久违的感觉。重新拾起，就是常识的回归。”晓东老师如是说。

阅读经典，通过探究教育的本源，找回教育的初心，让教育回归宁静与理性，这本身就是一种常识的回归。晓东老师将教育经典汇聚为自己对教育的思考与理解，融入自己对教育的付出与智慧，结合自己对教育的实践与探索，所形成的文字更有助于我们对教育常识的认知，对教育常识的真正回归。

我以为，读哲学家的书，有一种充满痛苦的快感。说“痛苦”，是因为在阅读中伴之而来的是对问题本源的逻辑追问、对自己认知基础的摧毁重建，还有对灵魂深处的敲打与考问；说“快感”，是因为通过阅读，身心浸润于其中，在迈过一道道的思想“坎”后将是灯火阑珊处的豁然开朗，将是峰回路转间的曼妙风光，当然还有云开雾散后的大彻大悟，如释重负后的步履轻盈。

阅读晓东老师这些文字，我倒觉得是一种幸福的快感。因为晓东老师通过孜孜以求的“读”、通过循循善诱的“导”、通过行云流水般的阐释，尤其通过一些深入浅出的“比方”和实例，把一个个深奥而枯燥的教育哲学命题，变成了一件件十分轻松与惬意的话题。认真品读，你会真切地感受到，流淌在字里行间的，有他对先哲教育思想的敬畏与传承，有他对教育理想的塑造与追寻，有他对教育良知的坚守与捍卫，还有他对教育智慧的兼收并蓄与厚积薄发。细细咀嚼，你会由衷地发现，一种活泼欢快、轻松自在、酣畅淋漓、优哉乐哉的阅读幸福感油然而生。

为书写序，本是名家的事，我作为一名基层教育工作者，虽然这些年对教育有些思考，对教育的实践有些探索，对教育的改变也有些行动，甚至对教育的良知与使命也尽到了一个教育人应有的责任与担当，然而我以为只是触及了教育的一点皮毛。接到晓东老师让我为其大作写序的任务，我诚惶诚恐，直接相拒，然而晓东老师却再三陈言："我之所以选择您作序，是慎重考虑的。一是因为您了解、熟悉、认可新教育。二是您对基础教育有长期专业、精深的研究，且文章写得好。三是您作为教育局局长、推动读书十大人物，有足够的影响力。四是您的教育情怀、真知灼见引起我深刻共鸣。"

我深知，要改变教育，其前提是必然改变自我。受人之邀，身为教育人为教育同人的教育著述，如果连写点体会文字的勇气都没有，还有改变自我的勇气吗？如若连改变自我的勇气都没有，还有改变教育的能力和信心吗？

我还深知，人生相识相遇，这本身就是一种注定、一种缘分，能够遇到"情投意合"之人更不容易，其本身更是一种造化、一种意义，如果有负盛情，有违诚意，有可能会留下很多遗憾。

（作者系四川省阆中市教育局原局长，2014 年被《中国教师报》评为全国十大"最具思想力教育局长"，2015 年被《中国教育报》评为"推动读书十大人物"）

目录

绪言

这本书，是我对英国哲学家、教育家怀特海的《教育的目的》（文汇出版社，2012 年），德国教育家博尔诺夫的《教育人类学》（华东师范大学出版社，1999 年），奥地利心理学家阿德勒的《儿童的人格教育》（上海人民出版社，2006 年）三本书中重要文选的解读。

一

怀特海时代的英国教育存在许多问题，教育的目的模糊，缺乏适宜的节奏，学校受到了扼杀教育生命力的外部机构的损害，普通文化的教育僵化刻板而缺乏弹性，专业教育又不够严格精确，等等。当时的大学规模快速扩张，工具论和技术主义盛行，人们逐渐遗忘了大学原初的本质和作用。

针对这些问题，怀特海在不同场合发表了不少演讲，阐述了他的教育理念，从不同角度阐述了一个主题：学生是有血有肉的人，教育的目的是为了激发和引导他们的自我发展之路。教育不应灌输生硬的知识和没有火花的使人呆滞的思想；“教育只有一个主题，那就是五彩缤纷的生活”，要为理解当下而教。

他对教育的深刻洞见，今天读来，依然深受启发，并常读常新。比如："直到你摆脱了教科书，烧掉了你的听课笔记，忘记了你为考试而背熟的细节，这时，你学到的知识才有价值"，"根本的动力，是对价值的认可，是对重要性的认知，无论在科学、道德还是宗教领域，概莫如此"，"大学存在的理由是，它把年轻人和老年人联合在一起，对学术展开充满想象力的探索，从而在知识和生命热情之间架起桥梁"。怀特海的思考，对今天的教育仍有深刻的现实与指导意义，可以帮助我们廓清层层迷雾，戳穿种种漂亮而虚假的概念，直抵深处，洞悉本质。

二

第二次世界大战后，人类遭受到了惨重的浩劫，恐惧、悲观、绝望笼罩着西方世界，人们觉得以往可以信赖的世界如今变得危险可怕和动荡不安，在此背景下，存在主义哲学迅速蔓延。深谙存在主义哲学的博尔诺夫借助这场危机，深刻地领悟到了人类生命和存在的本质。

他在《教育人类学》这本书中提出生命发展的连续性是偶然的，非连续性才是生命的本质，进而他敏锐地认识到普遍流行的"教育是一种连续性的活动"的观点是不完善的，教育的过程应该是连续性和非连续性的统一。为此他用"危机""遭遇""唤醒""告诫"等一系列鲜活的概念，形成了自己的独特见解。他赋予"空间""时间""信任""希望""语言""对话""描写"等这些我们习以为常的词语以新的内涵，重新"擦亮"这些词语，给予我们深度启发。

博尔诺夫从哲学与人类学出发对教育提出了一系列新颖深刻、闪烁着智慧光芒的观点。比如，我们都明白"人需要接受教育"的道理，因为人通过接受教育才能有知识、有文化，才能找到好的工作，追求幸福，等等。而博尔诺夫认为，人与其他动物相比，生来就是不完整的，但人通过接受教育成了虽不完美，却因此而不断使自己完美起来的人。

现实教育，困惑多多：人类为何需要教育？ 教育是遵循自然本性不加限制好，还是强调环境文化加以塑造好？ 爱，是不是教育成功最主要的因素？什么是耐心？ 耐心源于什么？ 危机对孩子的生命成长意味着什么？ 教育者能掌控一切吗？ 如果不能，我们对未来、对世界、对孩子的希望和信任从何而来？ 教师如何在职业生涯中寻找到自己的幸福？ ……

就让我们聆听博尔诺夫的洞见吧！

三

精神分析心理学认为人本身就是一个能量系统、动力系统，它决定着人的心理结构和人格模式。 那么，人格形成的动力源是什么？ 不同的心理学家有不同的认识，弗洛伊德认为是人的本能、冲动（生之本能，死之本能），马斯洛认为是需求，而阿德勒认为是自卑与超越。 阿德勒认为，人格结构形成于童年期，要解决一个人的人格心理问题必须从他的童年着手。 因此，要帮助儿童形成健康的人格是教育儿童的首要和核心问题。

阿德勒在《儿童的人格教育》一书中有许多真知灼见，对我们理解儿童、理解教育有极大启发。 比如："如果我们想要理解儿童的某一特定行为，就必须首先了解其总体的生活史。 儿童的每个活动都是他总体生活和整体人格的表达，不了解行为中隐蔽的生活背景就无从理解他所做的事。""我们的心理最为奇妙之处，是我们对事实的看法，而不是事实本身决定了我们的行为方向。""孩子之所以不想上学，是因为他追求优越的心理没有转化为学校的要求，而是表现为对学校要求的拒绝。 于是，他表现出一系列行为症状，逐渐堕入不可救药的境地，甚至不仅没有进步，还在退步。""儿童的发展既不是天赋决定的，也不是客观环境决定的；儿童自己对外在现实以及他与外在现实的关系的看法才决定了儿童的发展。”

人性最难把握，心灵最难读懂：为什么我们给孩子解释了一大堆，孩子还是听不进去？ 对孩子的教育是严厉好还是温和好？“问题儿童”是如何形成的？ 为什么同样的家庭环境中长大的孩子却迥然不同？ 对于这些问题，阿德勒以自卑与超越为基本理论，提出了许多睿智且引人深思的观点，向我们提供了解决儿童问题的一把钥匙。

今天，阿德勒的理论已经成为我们开展教育一把必不可少的理论工具，以阿德勒理论为基础的《正面管教》一书成为家庭教育的畅销书。 其实，《儿童的人格教育》一书虽然研究的是小孩，但是成年人读了，也有助于了解自己的成长经历，分析自己成长期间家庭、学校、社会对自我人格的塑造与影响，从而更加理性地看待自己。

也许，我们的习性、渴望、忧伤、孤独、痛苦、懦弱、致命伤……在童年皆已成形，而且从未有什么改变。

四

黑格尔说：“太阳底下无新事。”

今天的中国教育，在取得巨大成就的同时也面临诸多长期存在的难题和困境：一方面，学生厌学、缺乏创新能力，职业倦怠问题，教育的应试化等问题，亟待破解；另一方面，呈现出“乱花渐欲迷人眼”的现象：神话不断，创新迭起，概念频出，争论纷纷。

我们迫切需要拨开词语、概念、假象、谎言、纷争交织而成的层层迷雾，从一个更高的、更远的距离，来凝神领悟教育的真谛与生命的本质。

其实，今天中国教育的许多困境，英、德等西方国家在一百多年前已经遭遇过；今天我们在教育中遇到的困惑，怀特海、博尔诺夫、阿德勒等哲人已经有深刻的思考与睿智的见解。人类的历史，就是借助这些天才式哲人的思考与探索，才照亮了发展前行的路，才少走了许多弯路。但部分人由于个人能力与兴趣、社会环境与影响等原因，加之哲人思维的专业与深奥，导致我们对这些经典书籍总是“敬而远之”。作为常人的我们通常喜欢各种浅显的心灵鸡汤般的著作和文章，却不喜欢、也读不懂哲人的思考。

幸运的是，不论是在教育理论界还是在基础教育一线的中小学，还是有许多有识之士能够认识到怀特海等哲人的价值，而且正在悄然兴起一股“怀特海热”“博尔诺夫热”“阿德勒热”，许多一线教师对他们的著作进行了细致的啃读和深刻的解读，极大地促进了教师的专业发展。

基于以上原因，我选择对《教育的目的》《教育人类学》《儿童的人格教育》进行解读，提炼出几组核心词语——目的与节奏，遭遇与危机，空间与时间，气氛与信任，语言与深描，自卑与超越——依据结构重新编排，企图“擦亮”这些词语，揭示教育真谛，协助读者理解怀特海、博尔诺夫、阿德勒提出的理论，希望对从事教育的广大校长、教师等教育工作者能有一点启发，对深陷焦虑之中的父母们起到一点帮助。

第一章　目的与节奏

教育的目的应该是造就既有文化又掌握专门知识的人才。专业知识为人才奠定起步的基础，而文化则像哲学和艺术一样将人才引向深奥高远之境。为此，要注重培养人的智慧，而不仅仅是填充知识，要防止『呆滞思想』；课程设置要『少而透』，且相互渗透，有机统一，避免多而肤泛，相互割裂；所学知识要运用于当下，而不是机械地充斥在大脑中成为一种负担；遵循一定的教育节奏（浪漫——精确——综合）。

怀特海的《教育的目的》一书是解决当时英国教育存在的问题的经典著述。

当时的英国教育存在的问题有：教育缺乏明确的目的，不明白要培养什么样的人才，同时，受到了扼杀教育生命力的外部机构的损害，通过校外考试来评判学校，所有的学校都受到了束缚。受到束缚的学校深受“呆滞思想”的影响，体制僵化、迂腐而墨守成规，学校科目众多而教学方法死板陈旧，具体表现为：学科数量多且互不关联；忽略了儿童是充满活力的有机体；将学生当成灌输知识的容器而忽略了对知识的运用；过于重视古典学科……这种体制及学校培养出来的年轻人，普遍具有“呆滞的思想”——这种思想仅为大脑所接受却不加以利用，或不进行检验，或没有与其他新颖的思想有机地融为一体。

想想看，是不是与我们当下的一些教育现状有相似之处？

为此，怀特海提出了他认为的教育的目的（准确来说是“教育的目标”）：造就既有文化又掌握专门知识的人才。专业知识为人才奠定起步的基础，而文化则像哲学和艺术一样将人才引向深奥高远之境。

要实现这一教育目的，须注意四个方面：

1.注重培养人的智慧，而不仅仅是填充知识，要防止“呆滞思想”；

2.课程设置要“少而透”，且相互渗透，有机统一，避免多而肤泛，相互割裂；

3.所学知识要运用于当下，而不是机械地充斥在大脑中成为一种负担；

4.遵循一定的教育节奏（浪漫—精确—综合）。

教育的目的是使人智慧

怀特海强调：“教育的全部目的就是使人具有活跃的智慧。”“智慧是掌握知识的方式。它涉及知识的处理，确定有关问题时知识的选择，以及运用知识使我们的直觉经验更有价值。”“我非常希望你们铭记于心的是，虽然智力教育的一个主要目的是传授知识，但智力教育还有另一个要素，比较模糊却更加伟大，因而也具有更重要的意义：古人称之为‘智慧’。你不掌握某些基本知识就不可能聪明，但你可以很容易地获得知识却仍然没有智慧。”

信息不等于知识，知识不等于智慧。智慧离不了必要的知识，但有知识不等于必然有智慧。赵括、马谡有丰富的军事知识，但不会运用，只会纸上谈兵，这就是缺乏智慧。作为儿童的曹冲并没有大人掌握的知识多，但能灵活地运用石头、船来称象，这就是智慧。在具体的处境中遇到困难、障碍，能灵活运用知识来分析、解决，这就是智慧。智慧才可以让人获得最本质的自由。

怀特海所追求的“智慧”是广义的，它是理性(求知、求真)智慧和价值智慧(求善、求美)的有机统一。“智慧是平衡发展的结果”，“教育所要达到的正是这种个性的平衡发展”。所以，怀特海强调全面促进个性平衡发展的教育应该包括两个方面：一方面是专业知识的训练，它的重心在于理智分析；另一方面的训练重心则应当放在直觉方面，即艺术和美学教育，旨在培养一种审美的习惯。这就是强调必须在重视专业教育的同时，加强陶冶，实现两种教育的平衡发展，才能达到培养智慧的终极目的。

要达到这种智慧，怀特海认为要通过三种课程的有机结合：文学的修养、科学的修养和技术的修养。这三种课程有机融合的学习，才能达到学生智力与性格的最佳平衡，最终实现“造就既有文化又掌握专门知识的人才”的教育理想。

一、完整的教育不应是“为知识的教育”

与智慧相对应的是为了知识的教育，也就是“为求知而求知”。在一些学校却演化为为了考试而求知，为了考证而求知，为了竞赛而求知。许多师范院校大学生，能在心理学、教育学考试中获得高分数，但在教育教学实践中却很少主动运用这些知识来解决具体问题。**一些学生从小学到大学十几年学了很多诗歌，但除了明白一些情景交融、借景抒情、寓情于景之类的名词，却很少在生命中体验到诗歌呈现的怦然心动、“真理”涌现的情感体验。这些都是“为求知而求知”的弊端。**这样的知识只能使学生具有“呆滞思想”：大脑中堆砌的知识不少，但没有经过实践的验证，也无法与其他知识融会贯通。

怀特海反对“为求知而求知”的价值取向。“为求知而求知”的弊端是什么呢?

知识与文化是紧密联系的，知识是部分，文化是整体；知识是文化的结晶，文化还是创造知识的源泉；知识往往归于静态的逻辑，而文化还包含着动态的历史过程；在知识中往往看不到人及其作用，文化则永远将人及其创造性置于中心地位。“为求知而求知”的教育切断了知识与文化的内在联系，使得知识与文化发生了分离，只看到知识，而看不到创造知识的人及蕴含知识的整个文化；切断了教书和育人的内在联系，教师只传授无法被学生运用的知识，而不考虑人的情感、态度与价值观；切断了读书和做人的内在联系，学生接受的是僵化的知识，并没有增长多少智慧。

因此，完整而健全的教育不应当只是一种知识教育，而应当是包括知识在内的文化教育。如果将脱离活生生文化母体的僵硬的知识作为教育的唯一内容，那么，将难以使人获得全面而充分的教育。

二、关于课程的两条戒律

怀特海谈到儿童思维时，提出了一个名词“呆滞思想”，我觉得非常形象，也直指当下教育的弊端。所谓“呆滞思想”，就是“那些仅仅被大脑所接收却没有经过实践或验证，没有与其他东西进行融会贯通的知识”。知识是以碎片化的、僵死的形态陈列在大脑中，而无法有效发挥作用。

要避免产生“呆滞思想”，从课程角度而言，要注意两条戒律：

1.不可教太多科目。

2.所教科目务必透彻。

这可以称为“少而透”原则。

“少”，是指在教育中引进的主要思想观念要少而精。“透”，就是务求透彻，而不是蜻蜓点水，粗枝大叶，浅尝辄止。这些“少而透”的思想观念能形成各种可能的组合，学生应该使这些思想观念变成自己的观念，应该理解如何将它们应用于现实生活中。换句话说，各种理论概念在学生的课程中应该永远具有重要的应用性。这一点，适用于一切课程，无论是古典课程还是现代课程，无论是文学课程还是科学课程。

同时，要根除各科目之间那种致命的分离状况，因为它扼杀了现代课程的生命力，而且教育只有一个主题，那就是五彩缤纷的生活，所以要注意各个课程之间的联系与整合。知识是分门别类的，划分为各种学科，但作为知识学科来源的生活经验却是统一的、完整的。因此，如何把不同的学科知识组织起来形成一个学习课程，以正确理解生活并有效塑造生活，这成为怀特海关注的教育实践问题。他坚决主张摒弃学科知识相互之间的分离和隔绝，认为这种状况是致命的，它毁坏了现代课程的有效性。

学校开设的课程，不应该像仓库中的杂物一样，胡乱地陈放在学生大脑中，而是应该有机融合，最终作用于学生的生命。学习音乐，不是为了学几首歌曲；学习舞蹈，不是为了跳几支舞；学习美术，不是为了画几幅画；开设阅读课，不仅仅是为了多阅读几本书……课程的开设不能等同于技艺的操练，而应该与学生的精神生活相联系，从智力、情感、审美、道德等角度综合作用于学生的生命。否则，把课程割裂开来，把课程与学生的生命割裂开来，窄化成知识的传授，是导致学生厌学的主要原因。

怀特海认为不论哪个时代的教育，都离不开对受教育者传授知识。他所反对的是传授割裂的、静止的、部分的知识。他说："教育的问题是如何让学生借助于树木来认识树林。"教育所关注的不仅仅是知识，更重要的是与之相应的整个文化；所关注的不仅仅是人所创造的知识，更重要的是创造知识的人；所关注的不仅仅是知识表面的逻辑和理性，更重要的是知识深层的人性和创造性。这种文化教育通过将其渗透到专门知识教育中来完成，其目的不仅仅是为了使学生接受多方面的知识，更重要的是要让学生受到包括各种知识在内的整个人类文化的熏陶，从而提高包括思想道德、知识文化、身体心理和审美艺术等在内的综合素质，成为真正意义上的全面发展的人。

以上是就普通文化而言的，要点是：少而透，整合。

课程设置的"少而透，整合"原则，对教师的专业阅读有很大启发。教师的专业阅读，不在于构造一个知识丰富的大脑，而在于构造一个知识结构得宜的头脑。埃德加·莫兰说："一个构造得宜的头脑是善于组织知识从而避免知识的无效堆积的头脑。"蒙田说："一个构造得宜的头脑胜过一个充满知识的头脑。"之所以产生读书多但成效不大的状况，是因为我们只是往大脑里堆积了大量散乱的信息、知识，而没有将其整体化、背景化，没有改变大脑的原有认知结构。举例来说，一台电脑被输入汉字、图片、视频，这只是信息，安装的各种软件类似于认知结构，但用哪个软件处理信息，如何用软件处理信息，这是智慧。一台构造合宜的电脑，是针对现实需要，安装了最适合软件的电脑，而不是装配的软件越多越好。**教师的专业阅读，贵在大脑中构建若干处理教育教学问题的"软件程序"，而不是盲目、不加选择地海量阅读。**

教师应围绕核心问题来选择书籍，进行结构化、主题化阅读。阅读不能同时针对太多的问题，阅读主题太多，学习就会成为蜻蜓点水、走马观花，只会被动接收一些毫不连贯的知识和概念；进行主题化阅读，要学就学透彻，以达到能够灵活运用所学知识去理解并处理实际问题的效果。

教师专业发展从根本上讲是在构筑一个知识结构合宜的大脑，而不是盲目地博学。通过读透彻几本书（当然，要真正读透一本书，往往需要许多本书做支撑，需要不同书籍相互打通并互为背景），建立自己的根本书籍，改变自身知识结构，将所学理论内化为自身的"武器"，形成扎实的专业能力。比如，在语文教学方面，通过研读《苏菲的世界》《中国哲学简史》《人间词话》等根本书籍构建强大的文本解读能力。通过研读《给教师的建议》《教育的目的》等经典书籍，掌握教育学原理。通过研读皮亚杰、维果茨基的著作，掌握建构主义心理学知识。通过研读《构筑理想课堂》《生命中最好的语文课》以及进行中小学语文课的实战演练，领悟"理想课堂三重境界""浪漫—精确—综合"认知规律等理论，最终熟练运用"理想课堂有效教学框架"。这样的一个结构化阅读，不是仅仅着眼于从课堂技巧层面进行雕琢，而是彻底改造原有课堂模式，为教师一生的教学奠定坚实的基础。

三、知识贵在运用于当下

知识要运用于当下。这个“当下”，不仅指学生当下的实践与生活，还指当下的生命。其实质是要让学生体会学习的意义感。这种意义感不仅仅是指外在的考试、荣誉，而是指向当下的生活，指向内在的生命，指向活泼的人。要让学生体会到知识在实践中的价值，体会到知识的魅力。

怀特海高度重视当下生活的重要性，他说：“现在包含着全部的存在，那漫长完整的时间，它属于永恒。”相应地，他运用这种哲学观指导教育，他认为：“教育只有一个主题，那就是五彩缤纷的生活。”教育的目的就在于通过知识理解生活，生活既是教育的起点，又是教育的归宿。一切学习应该指向生活，“各种理论概念在学生的课程中应该永远具有重要的应用性”，“教育有用，因为理解生活是有用的”。

由此来观照当下“国学”热中的“读经”活动，会更明白其局限性。有种读经班的教学模式是：整日封闭背诵传统文化中的“经书”，机械地背诵，不学数学、英语等其他课程（包括古人的注疏也不许看），不讲解，不阐释，只是背诵；背诵若干年之后才开始“解经”。

怀特海反复强调：

> 知识的唯一用途，就是武装我们的现在，没有比轻视现在对年轻人的危害更大的了。
>
> 不能加以利用的知识是相当有害的。所谓的知识的利用，我们是指要把它和人类的感知、情感、欲望、希望，以及能调节思想的精神活动联系在一起，那才是我们的生活。
>
> 人的大脑不是被动地接受知识，它是永恒活动着的，能对外部的刺激做出最精密的反应。你不能像对待工具一样，把它磨锋利了才去使用它。

不管学生对你的课程有什么样的兴趣,这种兴趣必须在此时此刻被激发;不管你要加强学生的何种能力,这种能力必须在此时此刻得到练习;不管你想怎样影响学生未来的精神世界,必须现在就去展示它。

这种“读经”学习，认为孩子前几年大量背诵，就会自动理解，会为未来的“解经”打下基础，即使孩子对其中的道理不懂，也会在未来人生中慢慢领悟。然而脱离孩子当下的生活与生命，长时间、大量机械背诵会对孩子的理解力、想象力造成损伤。**这种缺乏理解的机械背诵，从极端说，其实质是让孩子被迫记下一堆毫无意义的音节组合，长此以往，培养的可能不是继承传统文化的圣人君子，而是极端厌恶“国学”的“认知畸形人”。**

那么，在现代具体的课堂教学中，如何将知识运用于当下？如何体会到知识的意义感?

干国祥老师在分析“理想课堂教学框架”时，有一段精彩的分析：

课堂的中心,应该是一个问题的提出、理解及解决的过程,是一个知识——作为问题解决的工具被探索、被发现的过程。优秀的课堂教学,要重现这一神奇的创造过程。优秀的科学老师,应该能够让课堂重现这一切:人类面对宇宙及生命现象而战栗,而感动;对未知的漫长的探索,知识的艰难的形成过程,其间的种种困惑、尝试、失败以及豁然后的狂喜。这个过程中,将继续保持对未知领域的敬畏和惊奇。如果消除了对事物及其奥秘的敬畏,人类就会走向肤浅与狂妄,而如果失去对事物及其奥秘的惊奇,人类就会走向麻木及早熟。无论是光现象,无论是电现象,无论是原子结构,显微镜下的细微之物,以及化学的变化……这一切,曾经带给人类多少深刻的困惑与喜悦。科学教育,要重现这一切。教学不是重复前人积累下来的知识,而是重现这个知识发现的过程;是重新经历,经历原初的困惑与探索,以及喜悦。

四、教育要培养有风格的人

怀特海认为，教育应该培养专业人士（造就有文化又掌握专门知识的人才），而不是业余爱好者。所谓专业人士，就是指通过特定训练，让他们有鉴赏力（在掌握某种固定的程序化的工作时具有多种才艺），并且还有审美能力、想象能力。而业余爱好者，仅仅有鉴赏力，而没有审美能力和想象能力。比如，一个人掌握了摄影技术，仅能拍出好的画面，但要拍出内涵深刻，打动人心的作品，就需要较高的审美能力和想象力。

怀特海把专业人士和业余爱好者进行了区分，但是专业人士之间仍然没有表现出个体的差异和特性，所以，他引入“风格”的概念，强调培养出学生的“风格”。

> 风格帮助你直接达到目标，使你避开无关的问题，而不会引出令人讨厌的东西。有了风格，你可以实现你的目标。有了风格，你可以计算出行动的效果，而预见的能力也成为神赐予人类的最后的礼物。风格会增加你的力量，因为你的大脑不会因枝节问题而分心，你将更有可能实现自己的目的。风格是专家独享的特权。谁听说过业余画家的风格？谁听说过业余诗人的风格？风格永远是专业化学习的结果，是专门化研究对文化做出的特有的贡献。

魏智渊老师曾说：可以将风格理解为“智慧”“个性”“经验”“结构”“模式”“个人程序”……但这些词，仅从某一个侧面反映了“风格”这个词的意义，都不全面。风格确实体现的是一种实践智慧、一种敏锐，但运用这个词，在某种程度上强调了它的“个人性”和“有机性”。风格，是生命特质（或者说生命密码）与专业学习相结合所产生的具有鲜明特色的智慧，是财富，是具有个性特征的生命力。在哲学史的学习中，也会发现不同的哲学家具有不同的风格，例如柏拉图与亚里士多德，这给予了他们思考世界时不同的眼光。

干国祥老师也有一段精辟见解：“风格，在艺术叫艺术风格，在生物学叫特定模式，在科学叫特定程序，前者强调模糊的差异性和独特性，后者则细分了其差异。此是风格之二极。中间叫默会知识，一极叫艺术风格或者精神气质，另一极叫特定程序与模式。风格是成熟的定型的结构，但你可以把病态叫作风格，也可以把完美叫作风格，这则完全取决于定义。就一般风格而言，指的是差异性。就生命最高的成就，就是一个生物充分展现出来的独特性。在怀特海看来，风格是一种成熟的专业反应模式。鹰的翱翔因此不同于麻雀的飞跃，反之亦然，但试飞中的小鸟没有风格可言。”

风格的背后，是一种生命力，一种生活的激情与活力。学生通过通识教育与专业教育这两种彼此交织在一起的学习，最终应当形成自己的独特风格。风格是生命特质与专业学习相结合所产生的具有鲜明特色的智慧，是具有个性特征的生命力，是一种个性化的智慧。这种智慧体现为一种艺术，一种解决问题的艺术。它是学生最后学到的东西，也是最有用的东西。

月映千川，却各有各的风景。每个孩子的思维不同，最终形成的智慧也是不同的。

成为一个自我实现者

一

本周，我们共读了《动机与人格》中最重要的部分：自我实现的人。成为一个自我实现的人，也是教育的目的。

马斯洛从对现实的感知、接受、自发性等二十个方面，清晰地描绘出了自我实现者的人格、品质特征，尤其从爱情和创造性两个方面进行了重点阐述，并对相关概念进行了辨析。我们做了认真的阅读、探讨，但仅仅满足于此是不够的。

如果把阅读分为三个境界：第一境界，倾听，准确概括书本的观点；第二境界，对话，与作者就书中观点进行交流；第三境界，批判，指出作者观点的局限。那么，我们只是达到了第一境界，甚至可能第一境界也没有达到。昨天在共读的尾声，我忧心忡忡：我们可能正在丧失“倾听”能力——听不懂哲人在言说什么。就学习而言，倾听比言说更重要，一个学习力强的人，不一定有很强的表达能力（说、写），但一定有很强的倾听能力（读、听）。

为什么自我实现者拥有如此品格、能力？这是我在一直思考的，如果仅仅“知其然”，而“不知其所以然”，就如同只会欣赏舞台上川剧演员精彩的变脸，而不知道此绝技背后的奥妙，那么我们就永远是他人的观众，而自身无法成为人生舞台上的翩翩起舞者。这显然不是我们阅读、学习的初衷。

我们学习、了解自我实现者，并不是把它当作一个外在于自我的僵死知识，而是要化为精神养料来滋养生命，了解自我的无限可能性，涤荡遮蔽生命的浮尘，让每一个人找到自我，活出自我，成为一个幸福的自我实现者。

二

马斯洛这样描述了自我实现者的特征：

> 一位作曲家必须作曲，一位画家必须绘画，一位诗人必须写诗，否则他始终无法安静。一个人能够成为什么，他就必须成为什么，他必须忠实于他自己的本性。
>
> 它指的是人对于自我发挥和自我完成的欲望，也就是一种使人的潜力得以实现的倾向。这种倾向可以说成是一个人越来越成为独特的那个人，成为他所能够成为的一切。

自我实现者不一定是完美者，但一定是有风格者，是鸿雁、老虎、劲松，而不是麻雀、蚂蚁、杂草；是散文、小说、诗歌，而不是一堆杂乱无章的字符；是电影中的男主角、女主角，而不是路人甲或路人乙。

在我看来，自我实现者首要特征是：超强的专业能力。他们是各行各业的内行、专家，如果是老师，一定是学者型的名师；如果是医生，一定是妙手回春的再世华佗；如果是运动员，一定是赛场上的桂冠获得者；如果是歌手，一定是演唱家；如果是农民，一定是一个洞悉节气变化，通晓庄稼生长规律的行家里手。只有走好必须走的路，才能走想走的路。超强的专业能力，让他们满足了基本的生存需求、安全需求，进而有归属和爱的需求、自尊需求，乃至自我实现的需求。

在今天的社会中，一个专业能力超强的人，还会为柴米油盐所牵累吗？同样是音乐系学生，有的人还得向父母要生活费，有的人已经凭借精湛的专业琴艺每月有近万元的收入。同样拿着相机，专业人士是摄影，而我们只能是拍照。同样是做饭，烹饪大师做出来的是艺术品，而常人做出来的是粗茶淡饭。专业的自信会带来人生的自信，从而让你不再被别人左右，而这种自信又会以谦虚的姿态呈现出来。在他们看来，工作就是休闲，休闲也是工作；为个人也是为社会，为社会也是为个人。

舞蹈家杨丽萍在谈自己生命的意义时，说的一段话深深打动了我："有些人的生命是为了传宗接代，有些是享受，有些是体验，有些是旁观。我是生命的旁观者，我来到世上，就是看一棵树怎么生长，河水怎么流，白云怎么飘，甘露怎么凝结。"我想，只有杨丽萍这样的舞者才有资格说这样的话，如果是一个舞姿平庸的人这样说，就成为笑谈了。

专业能力不强的人缺乏安全感。为了逃避专业上的无力感，往往会从其他方面寻找失败的原因，为内向而苦恼，为外貌而自卑，为出身而纠结，沉溺过往而无法自拔，空想明天而虚度终日。自己无法与内心达成和解，生命状态憋屈、紧张，而无法舒展、自如。专业的无力感会带来生活的空虚感，当无法聚焦、专注对自我有意义的事时，其精力、时间往往被大量无意义的人或事所消耗。

我很欣赏荷尔德林的一句话："人，诗意地栖居。"但不要忘记了前面还有一句"充满劳绩"。在我看来，"充满劳绩"就是专业能力。一个老师如果不能深刻领悟心理学、教育学以及学科知识，面对周而复始的工作，面对各种各样的学生，恐怕不是"诗意"，而是"失意"地栖居了。

三

自我实现者的第二个特征是：超强的学习力。

他们深刻洞悉自我，明白自身局限是什么，更明白自己适合做什么。他们有自己一生坚持的“根本事情”，按照史蒂芬·柯维在《高效能人士的七个优秀习惯》中的观点来说，他们都是“以原则为中心”，是自我的创造者。自我实现者从不允许其他人或事妨碍自己做根本性的事情。

他们会主动选择、创造学习的环境，非常谦虚，主动靠近本领域中的高人。一方面尊重日常习俗，对日常生活细节、礼节不是非常计较，有时甚至给人以冷漠、无情的印象；另一方面对关乎专业、学习之事十分敏感，对敬佩的高人格外敬重。一方面，他们与人为善，与任何人都能友好相处；另一方面，对选择挚友十分挑剔，倾向于与尺码相同者深交。一方面深谙各种世故人情，另一方面又始终保持活泼的童心、童真、童趣。

学习力强者总是擅于开拓新的陌生的领域。《学习之道》的作者乔希·维茨金就是一个学习力特别强的人，他从9岁起便8次荣获全美象棋冠军，后来改行研习太极拳，并连续21次荣获全美太极拳冠军及“太极拳王”称号。他在回顾自己是如何在这两个看似南辕北辙的领域中连攀高峰、屡战不败时说：“我意识到自己最擅长的既不是象棋也不是太极，而是学习之道。”

学习力就是控制力，就是专注力。

学习力强者能保持强烈的兴趣，并会长时间痴迷、专注。**所谓的“高峰体验”就是由于注意力高度集中而体验到的较强的幸福感。**康德就是一个有超强控制力的人，他终生都保持着严格的生活规律，我们看他的作息时间表是怎样的。

4：45

仆人浪泊叫醒康德。康德命令：无论他怎么赖床，浪泊都必须想方设法把他拖起来。

5：00

喝两杯茶，抽一斗烟，备课。

7：00—9：00

上课。

9：00—12：45

写作。 康德的“三大批判”就完成于这个时间段。

12：45

待客。

13：00—16：00

与那些自己点名邀请的友人共进午餐。

16：00—17：00

著名的康大师独自散步，定时定点，广大柯城居民一看见康大师就对表。有次康大师看卢梭的《爱弥儿》走火入魔，忘了出门散步，广大市民一片混乱，一致认为教堂敲错了钟。

17：00—22：00

看书。 要求：书房温度恒定 15 摄氏度。

22：00—4：45

睡觉。

“梅花香自苦寒来”，没有谁能随随便便成功。 上次共读后，我发了一则微博，表达了对失去学习力的忧虑：“学习力丧失的标志，闲聊八卦时兴致盎然、神采飞扬，读到稍有难度的经典书就不断走神，难以长时间专注。 思维碎片化，认识肤浅化，理解大众化。 自我被情绪、意见裹挟，将逐渐丧失倾听真理的能力！ 丧失学习力，前程在哪里？”

时间比金钱重要，注意力比时间更重要。 很多人，很多时候，注意力是涣散的，学习、开会的时候聊 QQ、看微信、接电话，玩手机的时候也是到处按，一个个 APP 图标，进去、退出，最后连自己也不知道到底想看什么，日常生活就这样被电话、短信等“既不紧迫也不重要的事情”所控制。 长期这样，仿佛掉进一个时间的黑洞，许多时间仿佛从未出现过。

学习力就是阅读力。

很多人很难将精力聚焦于一本稍有难度的书，即使注意力集中也很难读懂文章在说什么，字字都认识，句句都不懂。微信、微博上的浅阅读、碎片化阅读正在悄然侵蚀着我们本来就脆弱的阅读力，我们已经很难有耐心看完篇幅长一点的文章，更不用说有难度的。我们已经很少有批注的习惯，很少与作者进行对话，更不用说批判。我们频频地在微信中转发文章，但真正读懂、读透，融会贯通转化为行动的有多少?

对于读书方法，古今贤者有许多深刻的体会。朱熹说：读书须要切己体验,不可只作文字看……读书不可只专就纸上求理义，须反来就自家身上推究……须是一棒一条痕，一掴一掌血：看人文字，要当如此……看文字，须是如猛将用兵，直是鏖战一阵；如酷吏治狱，直是推勘到底。曾国藩对读书与看书进行了精辟的区分，他说：看书宜多宜速，读书宜精宜熟，看者如商贾趋利，闻风即往，但求其多；读书如富人积钱，日夜摩挲，但求其久。看者如攻城拓地，读者如守土防隘，二者截然两事，不可缺也不可混。

重视阅读，不是为了止步于此，而是径由阅读力，提高学习力，再进而提升创造力，形成持续发展的能力。

四

自我实现是人的本质属性之一，根植于人性，普遍地存在于每个人身上。

自我实现者不等于天才，与功成名就的卓越者也不能完全画等号，自我实现者与职业无关，做任何职业都有可能抵达。一名家庭妇女，如果她是出色的厨师、母亲、妻子，屋子总是收拾得井井有条，追求生活的品位，她也会成为自我实现者。而一名诗人，如果整天写着蹩脚、枯燥无味的诗歌，他可能与自我实现无缘。

在我们还无法纯粹地成为一名自我实现者之前，不妨先努力创造“高峰体验”，自身与世界完全融合，享受纯粹的快乐，纯粹的满意，纯粹的得意。比如放下手机、电脑，沉浸在书本中阅读几小时；为了某项工作，留出大段的时间以保持高度注意力；静静地沉浸在一首歌曲中，乃至忘掉自我。

五

大约135亿年前，宇宙大爆炸形成地球。大约38亿年前，地球上形成了有机体。大约10万年前，地球上有了人类。我们曾经只是非洲角落一个毫不起眼的族群，对生态的影响与萤火虫、猩猩相差无几，而今人类登上了生物链的顶端，成了地球的主宰者。每个人的生命基因都印刻着亿万年历史演化过程。地球之于宇宙，本是沧海一粟；个体之于地球，更是沧海一粟。人生一世，放在宇宙历史长河中来看，瞬间即逝。

窗外，夜已深，星河灿烂，夜幕深深。生命仅此一次，如何能如莲花般绽放，如何能使此生更有意义，如何在白发苍苍时回首而觉得不白活一回，我陷入了久久的沉思之中。

懂得自己无知，而更谦和；理解他人局限，而更慈悲；洞察世事无常，而更坦然；看透世事有限，而无妄念；明白结果偶然，更享受过程。让我们努力成为一个自我实现者吧！

教育的节奏：浪漫—精确—综合

教育节奏论，即自由与纪律的节奏（或者说“浪漫—精确—综合”三阶段循环），是怀特海在《教育的目的》一书中关于生命发展和心智成长提出的重要理论。 在书中，怀特海进行了精彩阐述与深刻剖析。 他的这种洞见超越时间与空间的限制，时至今日，越来越体现出其重要价值，对中国当下的教育有深刻的现实指导意义，对个体生活的方方面面也有很大启发。

那么，怀特海提出教育节奏论的依据是什么？ 教育节奏论的内涵是什么？ 这种理论对当前的教育有怎样的现实意义？ 澄清了哪些认识误区？

一、教育节奏论提出的依据

（一）教育节奏论的依据之一是黑格尔的“正反合”三段论。

黑格尔认为，人对事物的感受，往往会先“正”后“反”，最终达到“合”的境界。 打个比方，一颗麦粒，开始只是麦粒（正），但它实际上已包含了突破自己、否定自己的因素，这就是要长成麦苗。 当它真的长成麦苗时，就不再是麦粒了，而是达到了麦粒的对立面（反）。 麦苗最后还会成熟结种产生新麦粒。 新麦粒不是麦苗，也不同于原来的麦粒，而是两者综合的产物（合）。

（二）教育节奏论源于怀特海提出的过程哲学。

过程哲学认为，世界不是由物质构成的，而是由性质与关系组成的有机体构成的。有机体具有内在的结构和联系，具有生命与活动能力，处于不断的演化和创造中，这种演化和创造就表现为过程。四季轮回，昼夜交替，树有树的周期，庄稼有庄稼的周期。怀特海认为人的生命也有周期，生命、智力发展不是一种匀速发展、形式不变、持续稳定的过程，而是呈现出周期性的特点，对人的教育也应该遵循这一节奏。

（三）怀特海认为，教育的目的在于启迪智慧，而从知识通达智慧有一个前提，这一前提就是自由。

“在知识面前享有自由，是通往智慧的唯一道路”，但自由不是随心所欲的，必须遵守相关的纪律。一种设计完美的教育，其目的应该是使纪律成为自由选择的自发的结果，而自由则应该因为纪律而得到丰富的机会。他进而认为，教育的开始阶段和结束阶段主要特征是自由，中间有一个纪律占主导地位的阶段。这就是“浪漫—精确—综合”规律，而且这是一个螺旋循环上升的过程。

怀特海针对当时的英国教育说：“现代教育按照固定的模式和程序，把自由和纪律对立起来，把分析和精确性当作唯一的方法，把大量充满活力的青年人培养成了头脑迟钝、缺乏智慧即缺乏想象力和创造力的‘书呆子’，乃是‘人类的悲剧’。”

反思今天我们的基础教育乃至高等教育的弊端，怀特海在一百多年前的几场演讲中，就给出了明确的答案，甚至回答了著名的“钱学森之问”。

怀特海用教育节奏论的观点分析了当时英国教育的病症：浪漫期不够充分，导致没有激发学生充分的好奇心和学习兴趣，就操之过急地传授单纯的知识，强迫性地进行知识训练。精确期被过度延长，扼杀了学生对知识的兴趣，培养了大量心智迟钝的书呆子：学到了一堆僵死的知识，不会运用知识。总之，就是造就了一批有知识但无智慧的书呆子。这段话我们感觉多么熟悉，因为中国现阶段的基础教育同样也存在如此问题。

（四）怀特海认为，教育只有符合心智发展的规律，才能有真正的内在成长。

人在每天、每周、每学期、每年的学习中，都包含着若干三阶段（浪漫—精确—综合）节奏循环。教育要遵循这些节奏，持续不断地激发学生兴趣，传授技能，不断给予学生成功的体验，从而让信心不断被激发。这样，生命才能从内部形成自我发展的强大动力。否则，学生就会失去对学习的热情。

比如我们不提倡给幼儿阅读《三字经》和《弟子规》，就是以此为根据的。**三到六岁儿童，正处于成长中的浪漫期，**有特定的思维方式和认识方式，在思维上体现为形象思维和直观思维，在认识上，是整体地认识世界，自我与世界不分离。“在这个阶段，孩子最主要的成长需要是发展主动性、幻想和创造力。孩子越是更多地体会自己的经验，他在以后的成长中越具备更多的主动性和自信心。如果不能满足孩子这个需要，那么他在成人后所出现的性格和情绪障碍就会很严重，他将很难有创新，甚至只能随波逐流。”①针对这样的特征，就**需要给孩子们阅读大量的绘本，通过“唤醒”绘本中的故事，丰富“智力背景”，启迪想象力，同时促进儿童的认知、道德、心理、情感以及社会化水平的提升。而《弟子规》和《三字经》对于幼儿来说，过于抽象，道德训诫意味浓厚，并不符合幼儿的心智特征，而且这些读物中有些内容已经不符合今天的时代要求，需要有一定的辨别和选择。如果学习，也要放在小学中高段才比较适宜。**

二、教育节奏三阶段内涵

（一）浪漫阶段

浪漫阶段是开始领悟的阶段。人们所讨论的题目具有新鲜的活力；它自

① 马玲：《孩子的早期阅读课》，北京：文化艺术出版社，2011年，第31页。

身包含未经探索的因果逻辑的关系，也以丰富的内容为探索者提供了若隐若现的机会。在这个阶段，知识不受系统的程序支配。这种系统是为特定目的逐渐建立起来的。这时我们处于直接认识事实的阶段，只是偶尔对事实做系统的分析。从接触单纯的事实，到开始认识事实间未经探索的关系的重要意义，这种转变会引起某种兴奋，而浪漫的情感本质上就属于这样一种兴奋。

浪漫是兴发感动，是罗曼蒂克式的爱。浪漫阶段表现为自行探索，积累知识，萌发好奇，孕育问题。

1.浪漫阶段的价值是什么?

(1) 浪漫中孕育兴趣，兴趣是专注和颖悟的先决条件。

(2) 生动活泼的思维能力只能在恰当的自由氛围中产生。如果没有浪漫，而直接进入精确，可能会损害人生动活泼的思维能力。

(3) 符合大脑认知规律。面对新环境，思维发展的第一步，是在众多杂乱的概念和经验中进行某种推论活动。

(4) 浪漫是精确阶段的背景。如果浪漫阶段安排得好，那么精确期的问题也不明显。缺乏浪漫而直接开始精确阶段的分析，必然会妨碍人对概念的吸收，至多只能得到一堆僵死的、外在的、机械的“知识”，而不能与人的生命联系。以教育为例，联系“最近发展区”概念，浪漫阶段就是第一发展区（独立学习达到的水平），浪漫中包含了许多未经整理、相互冲突的东西。浪漫阶段，就是要给学生充足的时间和机会，让其完成人与知识的对话。而精确阶段就是第二发展区，学生以某种方式将纷乱的知识整理一致，探寻规律、原理。

2.如果用几个关键词来形容浪漫阶段，会选择哪些?

(1) 兴趣、好奇心、兴奋。怀特海说：“智力活动的第一个过程是在一堆概念和经验中从事一种有点散漫的活动。这是一个发现的过程，一个习惯于奇特想法的过程，一个提出问题、寻求答案的过程，一个设计新体验的过程，一个注意到新的探险活动会引起什么后果的过程。**在教师心目中，孩子们是被送到望远镜前来观察星星的；在儿童心目中，教师给了他璀璨星空的自由通路。”**

兴趣与好奇心是注意和理解的先决条件，没有兴趣就很难有精确阶段的可能。在浪漫阶段一定有兴奋，即对精确探究的欲望。材料多大程度能够引发真实的有足够挑战的思考，决定了浪漫的品质。

就一堂语文课来说，如何激发学生的兴奋感，首先，与老师布置的预习作业有很大关系。预习作业不仅要围绕教学目标，而且要切合学生的心理与兴趣所在，引发学生的兴趣。其次，兴趣要围绕知识本身，而不是其他。比如学习诗歌，要通过设置问题引发学生对诗歌本身的兴趣，假如老师播放了一首以诗歌为歌词的歌曲，学生对歌曲产生了兴趣，那么，这不是浪漫阶段强调的兴趣，因为对歌曲的兴趣引发不了学生探究诗歌的欲望，引发的可能是学习歌曲或者了解歌星的欲望。

（2）方向。浪漫可以无方向，但浪漫阶段一定有方向，有没有方向关键在于认知和思考是不是存在。浪漫阶段要有必要的指导，否则不能进入精确阶段，也就谈不上浪漫阶段。浪漫阶段要给予充分的自由，允许儿童自己观察，自己行动。在浪漫阶段，需要一些适当的指引，指出重要的事实，指明简化的概念，提示常见的名称，但自由是最重要的，切忌把知识强加、灌输给孩子。如果浪漫阶段不充分就匆忙进行精确训练，会妨碍孩子对概念的理解和吸收。没有浪漫阶段的“冒险”，孩子最多不过得到一堆枯燥无味的知识，并可能轻视概念。

语文课一开始，老师要求学生自行阅读感知课文，这是不是浪漫阶段？会有几种可能，第一种可能是有的学生自行阅读后，对课文没有兴趣，这连浪漫也不会有；第二种可能是学生产生了一时无法厘清的困惑，经过反复阅读、深思，也不能解惑，于是开始查阅资料，或者带着问题进入课堂请教老师，这是浪漫阶段。第三种可能是对文本很有兴趣，产生共鸣，并生发感动，但没有真正的“问题”，这也不是真正的浪漫阶段。

如果把小学、中学、大学看作生命发展中的一个周期，其中小学为浪漫阶段，中学为精确阶段，大学为综合阶段。 分析当下教育，会发现存在浪漫期缺失的问题，小学阶段缺乏丰富的浪漫，过度精确，导致学生学了一堆僵死的知识，学习的兴趣和进一步探索的积极性被抑制。

具体到课堂上，理科课堂存在浪漫期缺失问题，学生还没有对知识产生兴奋感，就被老师指引着开始探究原理。语文课存在滞留于浪漫期的问题，只有浪漫，而没有精确，老师带领着学生声情并茂地朗读文章，一遍遍在朗读中感悟，围绕文本播放与之相关的图片、音乐、视频，或者引入相关文章进行拓展，但就是难以开展实质性分析、探究。这样的课堂，可能很吸引学生，但由于缺乏对知识的深入分析和梳理，导致学生仅停留在知识的外围，长此以往，连学生考试成绩也提高不了。还有的课堂，有浪漫期和精确期，但没有综合期，导致学生在掌握知识时，不能融会贯通，只见树木不见森林，概念和定理背得滚瓜烂熟，但做题时却不会运用。

（3）丰富。浪漫阶段的认知与思考要足够丰富。丰富不完全等于材料多，因为材料多不等于必然引发真正的兴奋、思考。比如语文课讲《莫高窟》，语文老师在课堂上播放了与莫高窟相关的音乐、图片、视频等，这些材料虽然丰富，但只是激发了学生对莫高窟的兴趣与好奇，而不是对《莫高窟》这篇文章的好奇与思考。浪漫阶段是否足够丰富，对精确阶段有极大的影响，很多时候，精确阶段出现了问题，要从浪漫阶段寻找原因。

苏霍姆林斯基根据心理学的研究成果和大量的实践经验，提出了“智力背景”的概念，指出大脑的丰富与否，对智力发展有决定性影响。

他说：“必须识记的材料越复杂，必须保持在记忆里的概括、结论、规则越多，学习过程的‘智力背景’就应当越广阔。换句话说，学生要能牢固地识记公式、规则、结论及其他概括，他就必须阅读和思考过许多并不需要识记的材料。……如果通过阅读能深入思考各种事实、现象和事物，它们又是应当保持在记忆里的那些概括的基础，那么这种阅读就有助于识记。这种阅读就可以称为给学习和识记创造必要的智力背景的阅读。学生从对材料本身的兴趣出发，从求知、思考和理解的愿望出发而阅读的东西越多，他再去识记那些必须记熟和保持在记忆里的材料就越容易。”苏霍姆林斯基还从经验中提出了这种作为背景的阅读和作为知识的学习之间的大概比例——三比一，即要正确理解一个知识，需要拥有三倍于这个知识的背景知识。由此而知，如果没有一个可观的阅读量，这一点显然是无法达到的。

苏霍姆林斯基说：如果一个人思考过的材料比教科书里要记熟的材料多好几倍，那么再照教科书去识记就不会是死记硬背了。这时的识记就成为有理解的阅读，成为一种思维分析的过程。多年的经验使我深信，如果随意的识记是建立在不随意识记、阅读和思考的基础上的，那么少年们在学习教科书的过程中就会产生许多疑问。他知道得越多，他不理解的地方也就越多；而不理解的地方越多，他学习教科书的正课就越容易。

（二）精确阶段

“精确阶段也代表一种知识的增加和补充。在这个阶段，知识的广泛的关系居于次要地位，从属于系统阐述的精确性。这是文法规则的阶段，所谓文法，是指语言的文法和科学的基本原理。在这个发展阶段，要使学生一点一点地接受一种特定的分析事实的方法。新的事实不断增加，但这是一些适合于分析的事实。”“精确阶段是通过掌握精确的知识细节进而领悟原理的阶段。”“精确阶段是唯一的学习阶段，在这一阶段中，按照条理化、系统化的方式，获得其他一些事实，从而对浪漫阶段的一般事实做出揭示和分析。这是文法和规则的阶段，学生一点点接受一些特定的分析事实的方法，新的事实增加了，但是增加的是适合于分析的事实。”

在精确阶段，知识仍然在增加和补充，但精确阶段的本质，是有目的地对特定的主题进行聚焦。 这种聚焦，总是从某个方面对浪漫阶段的材料进行揭示。 精确阶段提高了认识的效率，所揭示的规则、秩序，可以推广运用到其他材料。

1.精确阶段的价值是什么?

“通往知识的唯一途径是在获取有条理的事实面前保持纪律”，“精确阶段是唯一的学习阶段”。 没有精确阶段，将不能真正领悟知识的原理、规律，正如写诗必须学习诗歌的格律，建造桥梁必须熟悉材料强度一样。 干国祥说：“从教育角度看，课堂的中心应该是一个问题的提出、理解及解决的过程，是一个知识作为问题解决的工具被探索、被发现的过程，优秀的课堂教学，要重现这一神奇的创造过程。”有许多语文课堂没有精确阶段，人文性强，工具性弱；模糊性强，清晰不够；老师提不出真正的核心问题，只停留在感悟、感知、感动的表面，强调诗意、美，但不知诗意和美从何而来。

2.进入精确阶段的时机如何判断?

当浪漫阶段的新鲜感逐渐消失，对客观事实和理论的基本成分有了一般的认识，纠结于某个问题而百思不得其解时，就是进入精确阶段的时机了。 正如孔子所说：不愤不启，不悱不发。 **当进入“愤”“悱”状态时，就可以进入精确阶段的“启”与“发”了。 对这一节点、火候、尺度的把握，是检验一个老师教学艺术高超与否的标志之一。**

3.精确阶段需要注意什么?

一是要提防不加区别、过分严格的训练。 因为学习知识不单单是为了掌握知识，而是要运用知识，让知识有助于改进直接经验。 不加区别地严格训练，可能导致心智迟钝，如没有激发起学生兴趣和探究欲望时，就机械记忆诗歌或定理公式。

二是要提防精确训练过度而导致学习兴趣丧失，使学生失去自我发展的可能。怀特海用大量篇幅强调在精确阶段保持兴趣的重要性。“必须养成这样的习惯——愉快地完成必须做的工作。如果这些工作符合学生发展阶段的自然需要，如果这些工作能够使学生充分发挥自身的能力，如果学生们的努力能够收到预期的明显的效果，如果在完成这些工作的过程中学生们享有合理的自由，那么，结果会令人相当满意。”

调查表明，一个学生除正常上课之外，每周补课时间在两小时之内，有助于他的成绩提高。当每周补课超过两小时，补课不但不会提高成绩，反而会降低学习成绩。这是因为补课增强了疲劳度，降低了学生的正常学习兴趣，降低了对所学内容的新鲜感和敏锐度，从而降低了整体学习效率。

精确与浪漫都是必要的，但精确必然损害浪漫，怀特海也认为这是一个两难选择，之所以提出来探讨，是提醒老师要将这个损害降低到最低限度。精确阶段的训练，多大程度不损害学生的兴趣，或者说，**在精确阶段，如何把握浪漫与精确的平衡，是衡量老师是否具有高超教学技能的标志之二。**

4.如何尽量避免在精确训练的同时减少对学生兴趣的损害?

怀特海认为准确确定知识的范围，有助于保持学生学习兴趣。他说：“精确知识的范围可以而且必须进行明确界定。若将知识范围定得太宽，会扼杀学生学习的兴趣，导致课程目标落空；如果定得太窄，学生就难以有效掌握知识。在每门类型的课程中，每一门科目所要求掌握的精确知识都必须在经过最充分的调查后确定。**成功教师的秘诀是：他十分清楚学生需要精确学习的知识范围，他不让学生记住一些不相关的次要的知识。”**

苏霍姆林斯基也曾说过：“我建议每一位教师：请你分析一下知识的内容，把其中那些要求学生牢牢记住和长远保持在记忆里的知识明确地划分出来。教学大纲里有一些‘关键’的知识，学生思维和智力的发展，运用知识的能力，就取决于这些‘关键’知识是否牢固。因此教师正确地确定这些知识的能力就十分重要。这里所说的‘关键’，就是指反映本门学科特点的、重要的结论和概括、公式、规则、定理和规律性。**在有经验的教师那里，学生都备有专门的本子，用来抄录那些必须熟记和牢固地保持在记忆里的材料。”**

（三）综合阶段

综合阶段，是系统掌握知识和原理后主动运用知识的自由阶段，是抛弃细节而积极使用原理的阶段，这时知识的细节已经退却到下意识的习惯中。也就是说，精确阶段的焦点此时转化为背景。比如弹琴者忘记了指法，打字者忘记了键盘上的字母，开车者忘记了具体的操作技术而化为身体的本能反应。在综合阶段，复归浪漫，智慧增加，知识减少，又萌发新的兴趣、困惑、好奇。综合阶段同时又是下一个浪漫阶段的起点。教育就应该在研究中开始，在研究中结束。

综合阶段的本质是：脱离那种被训练的、比较被动的状态，进入到积极主动运用知识的自由状态。学生已经了解了一些确定的知识，养成了学习的习惯，“清楚理解了一般规律和规则的系统阐述和详细例证。这时，学生想要使用他的新武器。他是一个有效的个体，他想要展现的是效果。他重新回到浪漫阶段散漫的冒险之中，然而不同的是，此时他的心智是一个受过训练的严密组织，而非乌合之众”。

在综合阶段，精确知识将会增长，而且学生比以往任何时候都更为活跃，因为心灵已经感受到了确定的力量，并对获得一般原理和丰富例证做出反应。但是知识的增长逐渐变为无意识了。比如学会了国标舞中的探戈，并达到随心所欲的地步，学其他舞蹈，虽然是增长知识，但逐渐变为无意识的了。**能否带领学生抵达综合阶段，并继续保持学生的兴趣，使之成为开启又一轮循环的浪漫阶段，这是老师是否具有高超教学艺术的标志之三。**

用“浪漫—精确—综合”三阶段理论观照课堂，会发现有的课浪漫不够（缺乏诗），直接精确化，导致学生缺乏足够兴趣或经验背景；而有的课堂过度浪漫，缺少精确的分析（缺乏思），在知识的外围打转，没有发掘知识的魅力；有的课堂没有进入综合阶段，学生掌握了僵死的知识和概念，不会运用。

三、教育节奏论的内涵分析

（一）“在儿童身心发展的过程中要有对自由和纪律的调节，在教育的开始和结束阶段的特征是自由，在中间阶段的特征是纪律。”自由—纪律—自由三阶段分别称为浪漫阶段、精确阶段、综合阶段。

于国祥老师对教育节奏论曾做过精彩分析：“怀特海认为，所有的教育都由三个相辅相成、不断重复、交叠、循环的阶段所组成：浪漫阶段、精确阶段和综合阶段。教育的浪漫阶段，指事物以混沌的面目出现在学习者面前，学习者通过想象等浪漫的方式与这个事物（如音乐、舞蹈、诗歌）游戏的阶段。这一阶段是精确阶段的必备基础。精确阶段则是对已经存在于头脑中的活跃而混乱的思想进行有序的排列，在这个过程中，需要不断地补充新的知识，以促进对原有知识的认识，对混乱散漫的知识进行分析，把朦胧的感觉化为清晰的认识。综合阶段则指掌握系统的知识后复归浪漫，它同时又是下一个浪漫的起点。可以说，每一首诗的学习，每一堂课，每一门学科，甚至人的一生，都是由这三个阶段不断交错重叠着的，教育就应该是这样一种不断重复的循环。”

以跳舞为例，儿童初次听到舞曲，看到他人跳舞，产生跳舞的冲动而手舞足蹈，这是浪漫阶段。如果儿童没有浪漫阶段的兴奋、好奇、自行模仿，就直接进入精确阶段开始技法训练，会过早对舞蹈产生厌倦，从而失去进一步发展的可能。在儿童有足够的浪漫阶段时，就要适时进入精确阶段，从身体、步伐、节奏等进行专业的训练，否则长时间不规范的手舞足蹈，缺乏专业指导，儿童的热情感也会逐渐消失，很难真正走入舞蹈的殿堂，领略舞蹈的魅力。但精确阶段的专业训练，不应妨碍儿童对舞蹈的兴趣。最后，儿童还要发展到综合阶段，忘记具体的步伐等技巧，而重新沉浸到舞蹈的灵魂中，这时方可说，完成了学习舞蹈的一个三阶段循环。从教育来说，就是要把握好这种节奏，把握好每个阶段的分寸感。

（二）“通往智慧唯一的道路是在知识面前享有自由，但通往知识的唯一途径是在获取有条理的事实时保持纪律。”

凡学过开车的人都知道，教练教开车不会让学员直接到公路上进行驾驶，而是要在练车场进行大量的有些枯燥的科目练习。这就是“纪律”阶段，这个阶段相当漫长，而且还是僵化的、刻板的、不允许商量的。如果谁想跳过这一步，其结果必然是浮而不实的暂时进步，为未来埋下了安全隐患，到一定的时候，他甚至没有办法回过头来再加以矫正。通过这种苛刻的练习，直到这种操作技能成为内在的东西时，当发动汽车后，无须任何思考，就能够根据路况自然准确地打转向灯、按喇叭、挂挡、踩离合；甚至在大脑还未思考到，但手脚已经条件反射地进行相应操作，人与车不再疏离，达到人车合一的境界时候，就进入了“自由”阶段，一种随心所欲而不逾矩的自由状态。

（三）对教育节奏论的认识，需要注意几个方面。

1.虽然划分了三个阶段，但不等于绝对对立。浪漫阶段也包含精确，但浪漫占主导；精确阶段也包含浪漫，但精确占主导。比如幼儿期阅读童书是浪漫，但老师要给以一定的方向指导，否则，儿童不一定喜欢优秀的童书，如果不喜欢，也就进不了浪漫阶段。解读一首诗歌，虽然是浪漫的，但也要遵循诗歌的规则。真正关键的，是在实践中发现和把握浪漫与精确之间的分寸感和平衡感。

2.精确应该成为浪漫自发的选择结果，综合则因为精确而得到丰富的机会。在课堂上，要让学生由浪漫阶段自发过渡到精确阶段，关键是要老师通过合宜的预习作业，引导学生聚焦真问题，激发其兴趣，引发其进一步探究的欲望。综合阶段之所以因为精确而得到丰富的机会，是因为综合阶段是运用原理来解决问题的阶段，精确阶段越透彻，综合阶段解决问题越广泛，所以也就越丰富。养成习惯去积极利用已经透彻理解的原理，这才是真正拥有智慧。

3.“浪漫—精确—综合”（自由—纪律—自由）是一个有机的整体，不要割裂开来分析。对此，魏智渊老师说：“智慧的本质，是一种高度自觉的自由（综合阶段）。通往这种自由的途径，是纪律（将大量纷乱的事实秩序化）。纪律的前提，是自由（拥有大量未经整理的事实）。自由是目的，纪律是手段。‘自由—纪律—自由’的循环，不是时间上的先后，而是逻辑上的先后。它是对节奏的表述。这种节奏必须尽可能地吻合儿童的个性发展。‘自由—纪律—自由’的循环，同时也是一种结构，它体现于整个智力发展过程之中，也体现于大循环中的每一个小细胞之中（每一粒沙子都是一个小宇宙）。这个循环，处于永恒的有机的运动之中。伴随这一循环的，是情感。伴随着自由阶段的，主要是兴趣以及兴奋感；伴随着纪律阶段的，更强调专注与紧张。当然，在整个智力发展的循环中，始终离不开兴奋、专注。缺乏这种情感，就无法形成智慧。”

4. **“浪漫—精确—综合”三阶段循环不是机械的旋转、线性的重复，而是螺旋式的上升和阶梯式的攀登，任何一个阶段中都可能包含着若干个小的循环，**如下页图所示。怀特海说：“智力发展的过程显示出一种节奏性，这种节奏包含着一种互相交织的循环，而整个过程作为发展中的小旋涡，又受到一个具有相同特点的更重要的循环周期的控制。”他这样说是有针对性的，因为人们很容易误认为三阶段是一个直线发展的模式，这种误解会机械地把一个认识过程分为“浪漫—精确—综合”三节。更有甚者，会极端地制定出哪些时间是浪漫，哪些时间是精确，哪些时间是综合。三阶段是一个循环意味着什么？第一，三个独立的阶段中都蕴含着若干循环；第二，三阶段不是外在的机械时间的划分，而是思维认识的逻辑划分，不能用僵死的时间来机械规定。

从教育来说，就要避免设定不切实际的遥远目标，而要注重三阶段的循环，适时地、不断地给学生成功的体验，从而让其有更大的兴趣开启下一阶段的学习。

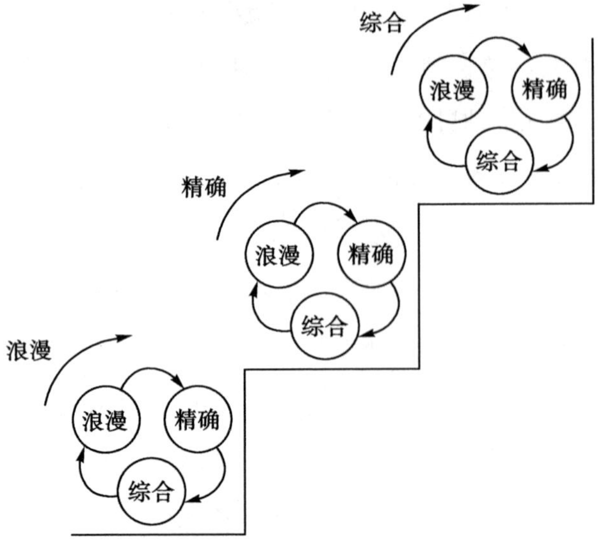

5.“浪漫—精确—综合”三阶段，可描述为“遭遇问题，分析问题，解决问题”，可描述为“诗—思—诗”，可描述为“自由—纪律—自由”，还可用“背景”和“焦点”的关系来理解。不同的表述侧重点不同。

当描述为“遭遇问题，分析问题，解决问题”时，突出了三阶段中“问题”的重要性，在每个阶段中，必须有问题，没有问题，三阶段的分析也就失去了意义，徒有其形而没有魂。遭遇问题阶段，问题是新鲜的，未经探索的，纷乱的，令人兴奋的；分析问题阶段，通过增加、补充知识，对纷乱的问题进行排列，运用原理和规则对问题进行分析和揭示，领悟原理；解决问题阶段，解决了问题，摆脱了知识的细节，而积极运用原理。

当描述为“诗—思—诗”时，主要侧重了自由和纪律的关系。在第一个“诗”的阶段，是自由阶段，侧重于兴趣，在课堂上，要让儿童独自去领会，独自去行动，这个阶段要有足够的自由，要让儿童有足够的冒险。否则，及早进入纪律（精确性训练）会妨碍对概念的吸收。在“思”的阶段，是系统阐述，是分析，讲究文法规则，讲究精确，如学诗歌时掌握格律，学音乐时学习乐理。在后一个“诗”的阶段，学生掌握了确切知识，理解了规则和原理，重新自由面对丰富的现象，但是现象消失在原理中。此时，大脑已经不是一个“乌合之众”，而是一个“训练有素的团队”，学生积极使用知识的新武器，开始新的探险。

当描述为“背景”和“焦点”时，侧重了二者之间的转换。从浪漫阶段到精确阶段的过程就是焦点转移的过程，浪漫阶段，对于广泛知识的兴趣、兴奋、好奇是焦点；在精确阶段，浪漫阶段广泛的特征退为了背景，而焦点集中于系统阐述的精确性，即规则、秩序、规律等；在综合阶段，知识的规则、秩序、规律就退为背景，解决问题成了焦点。

四、教育节奏论的价值

教育节奏论对教育乃至现实生活的方方面面，大到人的一生，小到一堂课等都有很多启发。如果把人的一生看作一个循环周期，那么从出生到大学的上学阶段属于浪漫阶段，从大学毕业参加工作到退休属于精确阶段，退休到生命结束属于综合阶段。

如果把人从出生到大学毕业的二十几年看作一个循环周期，那么从出生到小学毕业属于浪漫阶段，中学阶段属于精确阶段，大学阶段属于综合阶段。

（一）在儿童到青少年成长期经历几个三阶段循环

1.儿童的第一个循环

浪漫阶段：他认识到自己能够理解客体并领会客体间的内在关系。儿童智力发育的外在表现是，他注意自己的感觉与身体活动之间的协调。

精确阶段：掌握口语，并以口语为工具对他所观察研究的客体进行分类，加强对他与其他伙伴间感情关系的理解。 如孩子在 1 岁左右，能喊出妈妈，见了妈妈就高兴。

综合阶段：是用语言去描述已分类的事物，并扩大了对客体的欣赏。 孩子在两岁左右，能简单地听懂周围人的语言，并识别猫、狗、猪、汽车、灯等。

第一循环取得巨大成功的启发是：一是教育要有节奏感，二是要有中间阶段取得成功带来的鼓励，三是专注集中。

2.从 8 岁开始，进入青少年的循环

浪漫阶段：8 岁到 12 岁左右，孩子利用他已掌握的观察能力，学会应付周围环境。 各种概念、事实、关系、故事、历史、可能性、艺术性，它们以词语、声音、形状和色彩的形式进入儿童的生活，唤起他们的感情，激起他们的鉴赏力。

精确阶段：从 12 岁到 15 岁（有的从 11 岁开始），儿童需要逐渐关注精确的语言知识。 作为中国的孩子，在初中三年，应该掌握汉语的基本原理和规则，并能够比较流利地阅读简单的英语文章。

综合阶段：15 岁到 18 岁，语法和作文方面的严格细致的学习终止了。 这时，语言学习限于阅读文学作品，着重于作品的思想和一般的历史背景。

3.从 12 岁到 16 岁，又要经历一个科学学习的循环

浪漫阶段：12 岁到 15 岁，学生们应该以不连续的精确思维进行独立观察、独立实验。 不论是对理论的兴趣还是为掌握技术，科学的重要性在于将科学应用于具体的事物。 初中三年，对语言来说，应该达到精确期，而对于科学，应该是浪漫期，主要是通过实验来丰富，辅之以科普读物。

精确阶段：文科生是 15 岁，一年时间侧重于科学，了解物理、化学诸学科主要的原理。 理科生从 15 岁到 18 岁，在更广阔的范围里加深对一般概念的理解。

综合阶段：文科生是 16 岁，主要是以讲座的形式阐述科学的主要成果和一般概念。 理科生是进入大学阶段，从一般概念开始，进而研究如何将这些概念应用于具体实践。

（二）在一堂课上同样也可运用三阶段循环的理论。

魏智渊老师曾做分析："我们现在可以想象一下从自由到纪律，再到自由，会在一节课上如何演绎。 学生面对文本，会有可能无动于衷，老师通过恰当的预习作业，激发了学生强烈的兴趣，学生进行了自由的探索，但是关键处突破不了，这是自由阶段。 这一阶段，学生是充满热情的，充满了想要探究的欲望，是伴随着情绪的。"

学生面对着纷乱的事实产生解释的需要，老师的目标，就是带领学生运用工具（要掌握的知识）合情合理地解决这个问题，这是纪律阶段。 这一阶段，老师越守思维纪律，学生越专注越有兴趣。

学生通过解决问题，掌握了工具，然后再运用工具解决新的问题，就会产生自由感、兴奋感、成就感，这是综合阶段，也是自由阶段。 这一阶段，会成为下一阶段的动力，但在实际的教学中，自由阶段不自由，可能是僵化的，或者是放任自流的，纪律阶段可能是散漫的，无法聚焦。

之所以重视课前的预习，就是让学生处于"愤""悱"状态。 上课，就是一个启发阶段，学生连兴趣都没有，启发什么？ 我们学习自由与纪律的关系，并不能帮我们解决课堂问题，而是帮我们理解学习是何以发生的。 需要说明的是，兴趣，是知识本身激发的兴趣，不是放一首歌引发的兴趣。

不要等孩子成绩不好，才开始重视阅读

近期，连续听到两起中学生跳楼自杀的消息，很是痛心。其中一个孩子的父母离婚，孩子随父亲，但父亲长期在外打工，由爷爷奶奶照顾孩子，属于典型的单亲家庭、留守儿童。另一个孩子情况不详，据新闻报道，在出事前“很长时间了就和家人闹别扭”。

这样极端的事件毕竟是少数，大部分父母烦恼焦虑的是孩子学习成绩不好、不服管教、顶嘴、撒谎等问题。家庭教育错误或者缺失，导致孩子心理失衡扭曲，从而造成“问题孩子”，甚至酿成悲剧，这是众所周知的常识。

知道问题因何产生固然重要，因为可以从根源上避免问题的发生。但从教育者角度，寄希望于改变家庭婚姻关系基本是不可能的，一味地对孩子说教基本是无用的。我们需要思考的是，如何去解决问题，避免悲剧发生。

一

其实，阅读是非常重要且容易施行但也是往往被忽视的方法。不要只是在孩子语文成绩不好、不会写作时才想起阅读。阅读是涵养心灵、发展道德、充沛精神、健全心智的有效途径。缺乏阅读的孩子，心灵干瘪，精神空虚，认知偏执，会逐渐丧失判断能力、倾听能力以及自我教育的能力。

阅读有这样重要的作用吗？许多父母会有这样的疑问。大人们会花钱去给孩子报乐器、舞蹈、绘画、跆拳道、书法等艺术兴趣班，而很少会花钱给孩子报阅读班；会给孩子请家教辅导数学、物理、化学、英语等，而很少给孩子补习语文。

当然，这也是可以理解的，一方面，由于学校教育、家庭教育等多种因素的影响，大多数成年人在自身成长过程中就缺乏阅读的体验和兴趣。因为不懂所以轻视，这是常人的习惯。另一方面，也缺乏对阅读进行有效指导的专家和老师。因为不专业，所以效果不好。就以寒假老师给学生推荐的书目来看，许多书籍缺乏合理性。问一个最简单的问题：老师推荐给学生阅读的书，自己读过没有？自己有兴趣阅读吗？自己有深刻的阅读认知和体验吗？

因为以上两方面原因，导致许多家长虽然对阅读口头重视但内心并不以为然。所以，父母们经常会催促孩子“快去写作业”，而很少督促其拿起书来阅读，极端地还会认为是“闲书”而阻止、打击。

艺术教育对一个人的成长当然是至关重要的。艺术教育“让学生在学习艺术知识、欣赏艺术作品、习得艺术技能的基础上，掌握艺术的思维，拥有艺术的品位，具有艺术的精神，传承人类的文化，陶冶丰富的情感，培养完善的人格，拥有幸福完整的人生”（朱永新）。但正如不能因为脂肪、蛋白质对生命有益，就否认了碳水化合物、微量营养素和维生素的作用一样，不能因为艺术教育的重要性就忽视了阅读的作用。其实，社会上鱼龙混杂的艺术培训班是存在很多问题的，主要表现为艺术教育目标功利化、外延狭隘化、内容庸俗化。注重教孩子学习乐器、绘画、舞蹈等能立竿见影，能很快让家长“看得见”的技能，而忽视了艺术素养与艺术精神的培养，结果是用艺术杀死了艺术。有资料显示：凡是小时候被逼着练琴的儿童中，有90%的孩子长大后再也不愿意去碰琴。（这方面问题不是这篇文章的重点，就不多谈了。）

二

为什么要重视童年、少年阶段的阅读？ 怀特海曾提出了一个重要论断：人认识事物都遵循一个“浪漫—精确—综合”三阶段循环的规律。 这个规律既是认知规律，也是生命成长的规律。

浪漫阶段是开始领悟的阶段，是丰富积累、自行探索、积淀知识、萌发好奇、孕育问题的阶段。 精确阶段是有目的地对特定的主题进行聚焦，揭示规则、规律的阶段。 综合阶段是进行了精确的认识之后，又重返浪漫的阶段。

从人成长阶段的学习来说，学前和小学是浪漫阶段，中学是精确阶段，大学是综合阶段。 **许多孩子在中学、大学阶段出现的智力、道德、情感、认知等问题，其实源于学前和小学的浪漫阶段积累不够。** 浪漫阶段贫瘠单调，过于注重精确训练，从而让孩子丧失了对事物的好奇与兴趣。 **而在浪漫阶段的积累中，海量阅读是重要的内容。**

即使从学习角度来看，阅读的作用也是非常重要的。 小学三年级以前是学习阅读阶段，三年级以后，就是通过阅读来学习，如果没有培养起阅读能力，孩子后期的学习将受到局限。

苏联教育家苏霍姆林斯基提出了“第一套大纲”和“第二套大纲”的概念。 他说，**校内课程中精确的知识、概念、定义、能力是“第一套大纲”，而要让孩子掌握这些知识和能力，必须要围绕“第一套大纲”进行大量的阅读，也就是“第二套大纲”。** 举例来说，让孩子掌握一加一等于二，不是进行机械的背诵，而是通过大量实物，如棋子、小木棍等进行演示，从而在脑海中建立“数感”。 要让孩子认识课内的生词，不是简单地让孩子反复抄写并背诵词语解释，而是通过大量阅读，让孩子在不同语境中反复“遭遇”这个词，从而认识并理解。

三

“人类的经验证明：绘本、故事、儿歌童谣，是儿童在这个生命特定阶段的最佳营养。通过绘本、故事、儿歌童谣，孩子们可以从一开始就整体地学习，包括语言、文字、图画语言、情感、思想、人类故事……”（《孩子的早期阅读课》）

我们指导儿童阅读，与大多数老师或父母仅仅聚焦于故事情节不同，而是特别强调儿童在阅读过程中的“自居”，也就是让孩子在不自觉中把自己当作故事中的主人公，去体验主人公所经历的，像主人公遭遇困境一样进行思考、选择，进而培养孩子的想象力、创造力，激发孩子的好奇心和兴趣等。

有一个经典绘本故事叫《猜猜我有多爱你》，这是一本薄薄的小书，浅浅的蓝、绿、黄色的水彩，描绘出了一个简简单单的故事。一只像孩子的小兔子和一只像爸爸的大兔子，小兔子像所有的孩子一样爱比较。它们俩在比赛谁的爱更多一些。大兔子用智慧赢得了比赛和小兔子稍微少一点的爱，可小兔子用它的天真和想象赢得了大兔子多出一倍的爱。故事虽然是简单的，但传递出的无限关爱、温暖，会给孩子的心灵在潜移默化中带来温馨与安全感，而这种安全感对于成长中的每个孩子来说是极其重要的。试想，如果前面悲剧中的两个孩子在成长中阅读过海量的绘本、故事、人物传记等，也许就不会发生令人唏嘘的悲剧。

在我的成长中，也曾长期受到青春痘、不善言辞、成绩不佳等因素的困扰而自卑。五年级时我偶然阅读了金庸小说《射雕英雄传》，郭靖讷于言辞，拙于表达，不属于一点就通的聪慧儿童，“江南七怪”经常指责其愚笨。但郭靖有坚忍、勤奋苦学的潜质，在马钰道长等师傅调教下，勤学苦练，练就扎实的基本功，最终成为一代大侠。而今回头来看，郭靖对我的成长产生了深刻影响，这种影响不是说在当时产生了如何明显的效果，而是让我无意中寻找到了“自我镜像”，逐渐形成了一种潜意识，每每在遇到挫折时，就想起郭靖的形象，从而为理解自我、克服困难、重新开始提供了源源不断的勇气与信心。

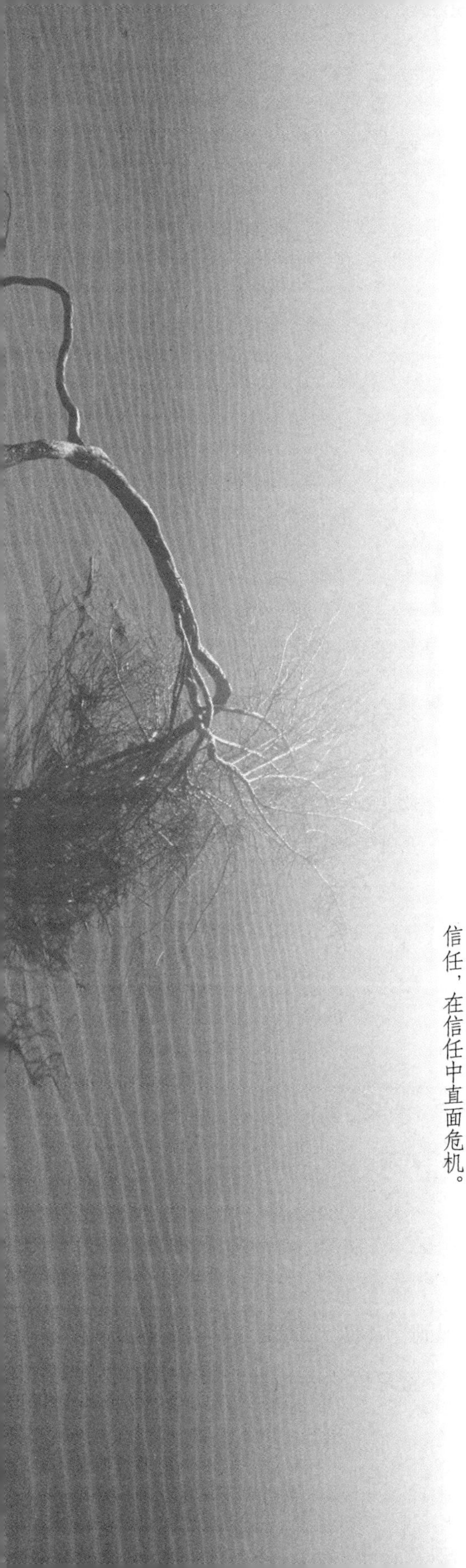

第二章 遭遇与危机

遭遇是指与伟大的事物、人物的相遇，是根本的生存意义上的相遇，那种伟大事物、人物的伟大性，迫使人对自己的平庸存在进行省察。危机是突然出现的中断了连续生活进程并给人带来痛苦的事件，危机打破原先生活的平衡，使人的连续性中断。生命因缺乏遭遇与危机而陷入长久的遮蔽状态，遭遇与危机的出现为生命走出遮蔽状态提供了可能。遭遇与危机根植于人的命运中，人需要在危机中重建信任，在信任中直面危机。

博尔诺夫受存在主义哲学的影响，敏锐地看到遭遇和危机不是可以躲避的偶然事件，而是根植于人的命运中。在《教育人类学》一书中，他指出，遭遇和危机会使人生和教育的连续性中断，给教育带来干扰和障碍，但如果应对得当，遭遇和危机也会转化为教育的契机，使人脱离“非本真”状态，找到自我，开启全新的生活；教育者应该将遭遇和危机考虑在内，并重新审视其价值，把教育看成是连续性和非连续性的统一。博尔诺夫的这种观点给我们理解教育提供了新的视角，扩大了教育的范畴，赋予教育新的内涵，给我们深刻的启示。

人生因遭遇而不同

我们每天都会遇到许多人和事，但“遇到”不等于遭遇。什么是遭遇？在博尔诺夫看来，“只有少数重大的特定的经验可以称作遭遇，它们闯入人的生活，突然地、往往令人痛苦地中断人们的活动，使之转向一个新的方向，导致生活发生重大改变（干预人的生活）”。

这段话中有三个关键词。

一是“突然”。遭遇不以人的意志为转移，不在预料中，也不可提前预设，是完全陌生的，在毫无防备的情况下突然闯入。

二是“痛苦”。如果突然闯入的“经验”没有带来痛苦，那么也不能称之为遭遇。痛苦不是指身体的疼痛，也不是精神的伤害（那是危机），而是与伟大事物遭遇后的一种唤醒、惊醒、惊觉、纠结，是一种断裂、深渊、转向。之所以痛苦，是因遭遇强烈地打破了惯常的状况，打破了原先生活的平衡，使人产生强烈振动，有时甚至会逼迫你进行非此即彼的重大抉择。

三是“转向”。如果仅仅是带来痛苦，但没有导致生活转向，也不能称之为遭遇。遭遇，一定会导致生命发生转向，人的平衡状态发生突变，舍弃旧我，蜕生新我。

遭遇的可能是他人，比如孙悟空遭遇观世音菩萨的点化，从此跳出了五行山，而踏上了成佛的取经之路；遭遇的可能是伟大的艺术品，比如某首乐曲突然撞击内心；遭遇的可能是一部著作……

有好的遭遇，也有坏的遭遇。好的遭遇，能对人的发展产生积极作用，“如一个人遇到一部好的小说，小说主人公的行为大大地影响了他，使他感动，他把主人公作为自己的榜样，把主人公的言行作为自己一举一动的楷模，一改自己以往的行为与习性。这种遭遇将使一个人的人生出现朝好的方向发展的转机”。

不好的遭遇，则会对人的发展产生负面作用。比如看黄色影视书刊、结交不良朋友等，有的青少年就是因为遇到了社会上不务正业的闲杂青年，而开始“学坏”“变坏”。

生命因危机而裂变

人经常遇到各种困难，但困难不完全等于危机。在博尔诺夫看来，只有那些“突然出现的较大的且令人忧虑的中断了连续生活进程的事件”才可称作危机。

对危机的理解，注意三点：

1.与遭遇相比，危机同样具有“突然”“痛苦”的共性，但危机带来的痛苦，是真正的伤痛，或者是身体的疼痛，或者是生活的拮据，或者是精神的伤害。

2.危机是必然的，是不可以避免的。这与我们一般的认识是不同的。我们一般认为危机是偶然的，只要注意就可以避免，如果危机到来要尽快削弱或排除。但从人类学角度来看，人只要生存着，任何时候都可能处于危机之中。

3.危机总会和人的新起点联系在一起。一般来说，落后于对他自身的要求乃是人的本质。因此，人始终不断地需要有一个新的起点，以便摆脱这种衰退状态。而遭遇和危机有可能使人察觉到失控，于是很吃惊，马上“鼓起劲来”，以更大的热情重新投入。

按照来源划分：一种来自外部，如社会危机、政治危机、经济危机、父母离异、父母失业、遭遇车祸等；一种来自内部，如青春期危机、成熟危机、疾病危机等。

危机和遭遇对人产生的共性是，它们都会使人打破原先生活的平衡，使人的连续性中断，而使其教育和生活发生突变。不同之处是，危机对人产生的负面作用更严重，由于外部条件的恶化，人原有的认知和习惯造成了冲击。如果个体不能够及时调整，并积极应对，那么就会给人带来破坏性，对人产生威胁，酿成灾难。

在遭遇和危机中塑造自我

一、遭遇和危机是造成教育非连续性的原因

博尔诺夫对教育过程的本质有着与众不同的敏锐洞察，他结合存在哲学对这一洞见进行了深刻分析。

大多数教育学派有一种认识，认为教育是一种连续性的活动，“犹如一种植物是按照自身的规律成长的那样，如果环境能够提供发展的可能性，儿童就能自由地、不受干扰地发展”。所以，成人要为儿童创设良好的环境，提供优质的资源，消除不良的影响，儿童在这种良好的环境中循序渐进，健康成长。如果孩子的生命成长出现了问题，或者从父母身上寻找不利因素，比如是家庭环境有问题、是孩子没有进优质的学校等；或者从教师身上寻找原因，比如是老师教学能力不高、不热心工作等。总之，是这些不利因素干扰了孩子的正常成长。如果这些消极、不利因素能避免，孩子就能健康成长。

博尔诺夫认为：“这一观点是正确的，它基本上揭示了教育过程的本质。但仅此还不够全面，还需要做一处重要修正，因为这一观点把阻隔和干扰教

育、导致教育失误或者完全失败仅仅归结为偶然的、来自外部的干扰，而这本来是应当避免的，而且原则上也是可以避免的，这种干扰无论如何无关教育大局。只有存在主义哲学敏锐地看到这种干扰不只是一种令人不愉快的偶然事件，而是深深地埋藏于人类存在的本质中，从这些事件中表现出一种新的、迄今为止尚被忽视的人类存在的基本方面。它使连续性发展的观念趋于破灭或者至少表明有很大的局限性。”在做了上述分析后，博尔诺夫做出了如下结论：“在人类生命过程中非连续性成分具有根本性的意义，同时由此必然产生与此相对应的教育之非连续性形式。”

连续性和非连续性形式的统一，才是教育过程的真正本质。

这与我们之前分析的怀特海教育节奏论是一致的。只不过怀特海从过程哲学角度，把这个过程看作“浪漫—精确—综合”三阶段的循环。而博尔诺夫则从存在哲学角度敏锐地发现，遭遇和危机是造成教育非连续性的原因。

博尔诺夫非连续性教育思想的价值在于：其他教育学派认为干扰教育的即来自外部的危机是偶然的，要竭力避免，而他认为这是必然的，是存在于本质的一部分，也就是说，它是必然且不可消除的，不是偶然的，要坦然面对；其他学派认为来自外部的危机会给孩子的成长带来障碍、干扰，而他认为危机是教育的另一种途径，有其积极意义。

二、遭遇和危机让人找回存在

既然遭遇和危机无法完全避免，那么是不是就只能听天由命？显然不是这样。一方面，“人类并不是简单地屈从和企图躲避恐惧和失落感，而是正视它，有意识地去触及它，从精神上坚持到底”；另一方面，从存在哲学角度来看，遭遇和危机也有其独特的价值，如果能正确对待，合理运用，遭遇和危机也能发挥不可替代的正面的作用。

我们先看存在哲学是如何解释人的本质的。

人必须首先活着，才有可能拥有本质（一种明亮状态）。但人并不是活着就必然拥有本质，人经常会处于非本质（遮蔽）状态。基尔凯戈尔曾经提过一个生动的例子作为比喻：人生就好像一个酒醉的农夫驾着马车回家，表面上是农夫驾着马车，事实上是老马拖着农夫回家。因为农夫喝醉了，根本没有清醒的意识，然而老马识途，因此能够把农夫拖回家。

人要拥有本质（一种明亮状态），不是在日常状态下自然而然实现的，是需要在某一时刻全力以赴才能抵达，比如音乐家创作美妙音乐的时刻，数学家聚精会神攻克一道难题并涌现灵感的时刻，等等。

“人似乎不可能一直保持一个发展高度或者持续地向前发展，他的生活更多地由于习性和疲乏而被‘损耗’，由此而陷入非本真的退化状态。”**人在顺境时，往往会忘记自我，犹如在昏睡中，而当遭遇挫折、身处困境或者转换环境时，**“遭遇逼迫人们在两种可能性之间进行选择并做出取舍的决断”，**人会猛然惊醒**，最终独自面对自己，**了解自己内心世界的真面目，才有可能决定自己真正要走的路，做真正的自己。**正如鱼儿在水中的时候忘记了自己是鱼，是最快乐的时候。但如果让鱼儿离开水，这时候鱼儿知道自己是鱼，却活得很辛苦。遭遇和危机可以使人从内心判断什么对他是真实的，什么对他是虚假的。遭遇、危机的过程对人的自我成长具有决定性的意义。从严格意义上来说，真正的自己，只有在遭遇或危机过程中才会成立。

魏智渊老师说：“如果跳出存在主义教育学，从更大的背景来思考教育。一个健康的社会，总会选择经过反思的传统作为自己的根基。这不是抉择，而是宿命。纵然如此，每一个人仍然会有大大小小的遭遇（或危机），因此会面临大大小小的抉择。人的本质，在某种意义上，就是在这种抉择中形成的。”

人的明亮状态（去蔽、显现、真理时刻）往往是一次性的，是涌现的。

人只有通过自身的不断努力，原本自然的生命才能不断获得涌现，比如一个艺术家，他要通过不断的创造和挑战极限而使自己处于明亮状态。 所以，从这个角度看，人也可以利用这些遭遇和危机不断感受到真正的自我。

三、遭遇和危机往往与新的起点联系在一起

“遭遇不仅可以被理解为是毁掉迄今生活安全感的暂时的动荡，而且同时也揭示了一种新的超越过去的生活可能性。 当我们把危机与一种新的起点联系在一起时，就意味着我们已经彻底失去了以往所有的支柱，并同时建立起走向美好未来的新起点。”

遭遇和危机是唤醒自我、转变自我的契机，是开创新起点的机会，甚至说“向某个新的生命阶段的过渡只有通过危机才能得以实现”，**比如青少年的叛逆心理就属于“青春期危机”，其实，叛逆心理不是一种躲之不及的不足，而是实现成熟的条件。 如果没有叛逆期，人可能永远长不大。**

从个人来说，有的人在突然遭遇一场重病后，可能比原来更“健康”，往往对人生的方向重新做出抉择。 比如中央电视台原主持人张泉灵之所以辞职创业，就是源于虚惊一场的“重病”：

生命的后半段，是否来得及从头来过。

从头来过不是否定，是敢放下。最难放下的还不是名利，不是习惯的生活方式，而是思维模式。我想，我做好了准备，放下，再开始一次。

我今年42岁，1997年来到中央电视台至今也有18年了。人生从哪个角度算都过了一半。一切都算顺利。按通常的视角，功成名就。按通常的规划，还是最好的新闻平台，还是最好的位置，还有很多事可以做。初心其实未改。我的初心就是满足好奇心和不止于独善其身。

决心改变起源于虚惊一场。简单说，年初天天咯血以致医生怀疑我肺

癌。排除了之后,倒促成了我换个角度去思考我的人生。如果人生停在这里我并不遗憾,那么如果它还可以延续一倍的话,我应该用什么来填充它?我的好奇心应该投向哪里?

创新工场董事长李开复在事业鼎盛之际，也遭遇了一场重大危机，2013 年突然被确诊为淋巴癌，在战胜病魔后，李开复在不同的场合和媒体谈到生病后的觉醒：

生病前的几年,越来越多的人把我当作一个导师。我一方面是出于善心帮助年轻人,但是不可避免,我每天的追求还是希望有更大的名望。我与星云大师讨论这个事情的时候,他告诉我说,其实人是经不住诱惑的,你告诉自己追求理想,你是追求更多的名。虽然我认为,我一直给年轻人建议没有错,但是如果特别机械化地来追求效率,衡量每一天的结果,会让我们变成冷漠无情。所以,过度追求名声让我的中心轴偏离了。

第六个学分,人人平等,善待每一个人。当你的目的是追求每一件事情有最大化影响力,你一定想认识更多有创意的人、聪明的人、成功的人,把自己朋友圈都变成最顶尖人士。但这样就丧失了非常重要的一点:人人是平等的。

我得了癌症后发的第一条微博是:癌症面前,人人平等。但是,等我慢慢觉醒以后,任何事物上,人人都是平等的。世界的奥妙是不容我们这些渺小的人类来评估的。我们凭什么说这个人是普通人,这个人不怎么样,这个企业不会成功,这个创业者不行?只要时间允许,我会和一些普通网友交流,哪怕从来不认识,哪怕他们并没有特别光辉的履历。不要吝啬给别人爱的关怀。你对别人要平等,一个微笑、一个行为,都可能会帮助别人、帮助生命。

第七个学分,人生到底是为什么?世界因你我不同,让世界变得更美好,这个毫无疑问是你我想追求的,但是我们太狂妄了,总想改变世界。其实,人非常渺小,凭什么能这样狂妄呢?每天拼命要改变世界那也是充满压力的。我们有缘认识周围的人,好好体验人生,做事问心无愧,凭着良心,对人真诚,不要改变别人,只要让自己的每一天都能有学习、成长,那就足够了。如果每一个人都是这么做,世界就会变得更美好。我过去的人生哲学是人生只有一次,要分秒必争,讲究效率,做最好的自己。现在,我认为是让自己怎么能够成为一个更好的人,成为一个更完善的人。

人在危机中或经历过危机后才能成熟起来。人在战胜危机的过程中,获得真正的自我,树立稳固的、不怕任何外来影响的、对自己负责的态度,培养处变不惊、冷静沉着的心理素质以及坚强的意志,从而使自己成熟、坚定起来。当战胜危机,重新开始生活时,就会觉得格外轻松、清醒。

那么,危机既然有如此重要的作用,是不是需要人为制造一些危机?这当然是不可以的,因为不论危机有如何积极的作用,首先意味着对人的伤害或危害,而且,很多时候这种伤害或危害造成的结果和影响是不可控的。我们应该努力化危机为成长的契机。

遭遇与危机对教育的启发

一、教师或家长要为孩子积极创设“遭遇”产生的条件

遭遇在生命成长过程中有重要的意义。《活了一百万次的猫》中,虎斑猫遇到白猫就是一场遭遇,从而体会到了真正的爱与此生之意义。罗斯在“泰

坦尼克”号上遭遇了杰克，从而重新体会到了生存之意义，爱之本质。博尔诺夫说：“如果要对精神世界产生真正的内在的理解，真正的遭遇是必不可少的，没有遭遇则任何一种教养事实上都仅仅是不受约束的游戏而已。”“一种认真对待自己使命的教育，必须能够引导成长着的一代人与精神世界的人物进行这种决定的遭遇，所有的教学都要以此为方向。”

但是，遭遇是不能事先计划好的。**是否发生遭遇，关键在于是否在心灵深处发生强烈的触动、共鸣、震撼。同样读一本书，同样听一次讲座，对有的人来说就是一个遭遇，而对有的人来说则视而不见、听而不闻。**所以，教师很难断定是否一定会出现遭遇，也难以预料何时产生遭遇。教师只能在教育教学中，努力创造遭遇产生的条件，或者说努力培育遭遇萌发的土壤。即使它不出现也要保持耐心，因为在班级里遭遇不可能同时面对所有学生，所有学生也不会都遭遇同一对象。

领会这一点非常重要。传统的教育，往往重视知识与能力，虽然现在在课程目标中，也提出情感、态度与价值观的维度，但实质上得不到重视，特别是语文课中，更是像贴标签一样贴一些外在于学生生命的道德名词概念。知识可能学得不少，道德人格没有发展。如果在学习的过程中没有产生必要的自尊、自信，没有内在的积极的自我肯定，没有想成为高尚卓越之人的愿望，没有想成为好人的倾向性，那么就会滋生出种种问题，如撒谎、懒惰、逃课等，从而影响身心健康持续发展。

这些问题的产生，与学生缺乏遭遇有关，与教师没有为学生努力创造遭遇的条件有关。没有触及内心的遭遇，学生的生命就长期处于遮蔽、沉沦状态，对周围一切或者疲惫应付，或者满足于肤浅的暂时的小成绩而不自察，总之，生命缺乏敏感。

要创造遭遇产生的条件，在学校，主要渠道是通过开设不同的课程。比如儿童课程，孩子在儿童、少年成长阶段，浸润在海量的诗歌、绘本、故事、人物传记、优秀小说中；**比如艺术课程，**孩子在音乐、美术、陶艺、舞蹈等艺术的熏陶中；**比如共读一本书**、晨诵、排演童话剧等。**只有课程丰富了，学生产生遭遇的可能性才能增加。**

但要产生遭遇，远不是提供多样课程这样的简单，关键还在于老师的理解深度。比如童话剧，在许多学校成了“第二课堂”，而对童话剧的评价也侧重于演技高与低、效果好与差。这样的童话剧表面效果可能会非常好，表演会十分专业，但未必会成为学生的遭遇。

在山西运城国际学校，**童话剧课程，就是帮助孩子树立自我镜像，理解自我、周围世界以及种种道德或心理冲突的最重要的方式之一。换句话说，就是要让童话剧成为孩子们的遭遇。**

为了实现这样的目的，每场童话剧都要经历这样一个较长的过程：

1.选择合宜的童书，进行改编。

2.共读。所有孩子都要经历一个深刻的穿越，去领会这本书。

3.竞选角色。学生或者选择适合自己生命气质的角色，或者挑战与自己生命气质差异大的角色，拓展生命感受。

4.学习和练习剧本。在背诵台词中，进一步浸染。

5.排练。虽然涉及一系列表演技术，但核心依然是对故事、角色的理解。

6.演出。经过这样一系列过程后，孩子们调动全部生命力量去诠释、演绎一部作品。

经过这样一个过程，一本童书灵魂性的东西已经进入了孩子内心，化为他生命中的一部分，甚至可能是最重要的部分。这就是遭遇。

魏智渊老师在《为什么是童话剧》一文中曾举例并精彩地分析了这个过程：

> 当一个有着自卑情结的孩子，以正确的方式深刻地遭遇安徒生的《丑小鸭》时，会如何？

在此之前，他的生命可能是混沌未明的。表面上，他坐在教室里学习，回到家中依偎父母撒娇，但在他的潜意识深处，一直暗流涌动。他的本能的力量，他容易受伤的心灵，一直处于和环境的复杂的互动中。他有可能会在这种互动中迷失自己，或形成坚硬的壳，或逃避环境的任何压力，或以粗暴的方式回应，或软弱地哭泣……总之，他是以未清晰的、未加反思的方式，错误地与环境进行互动，并在这种互动中，形成逐渐稳定的人格。除了少数例子外，多数孩子最终形成的人格，并不是父母所期待的那样，甚至不是他们自己所期待的那样。

然而一次深刻的穿越，会让孩子突然地，并且往往同时以意识和潜意识的方式在故事中遭遇自己。他不但与丑小鸭产生了强烈的共鸣，而且通过理解丑小鸭，他深刻地，但更多的是无意识地看到了自己，认出了自己，并且在练习一种想象中的抉择。而《丑小鸭》就像一道光，忽然让他意识到了生命的某一种可能性。原来，今天的挫折或被嘲笑，只是未来成为白天鹅路上必经的挫折。孩子不但读它，讨论它，而且扮演它，通过扮演进入(自居)它，最终获得了充分的自信和超越之道。而这种潜在的获得，未必会在今天表现出来，但很可能在孩子生命中的某一刻，它就会发挥作用，甚至是决定性的作用。

二、教师要努力创造遭遇，促进专业发展

许多教师追求专业发展，许多校长也紧抓教师专业能力培养。教师专业发展甚至上升到了国家层面，从而开展国家级的培训。

但为什么读了那么多的书，听了那么多的讲座，参观了那么多的学校，花了那么多的时间与钱财，教师专业发展仍然不理想呢？

原因很简单。如果教师没有把专业发展当作内在的追求，如果教师的知

识结构没有得到完善和提升，如果教师没有形成稳定的职业信仰，如果不能产生真正触及人心灵深处的、改变其全部生活的遭遇，那么读书、听讲座、外出参观等，就只是外在于生命的负担，或者只是能求得点滴的教育技巧，而不能形成强大的根本能力，不能带来本质性的变化。

我认识的许多老师因某次偶然的遭遇而被深刻唤醒，从此不再急功近利，不再以获得职称、名师等荣誉为最终目的，不再汲汲于外在的名气，而开启真正的取经之旅。他们寻求、靠近真正的高人，沉潜到经典书籍中，用知性阅读的方法啃读一本本根本书籍，修炼强大的教育教学能力，沉潜到教室中，沉浸在课堂上，知行合一，努力开出一朵“花”来。

这样的遭遇可能是一本经典书，可能是一位名师，可能是听一场讲座，可能是参加一个共同体，甚至是一篇招聘启事。对此，我有切身体会。

遇到魏智渊老师对于我就是一场遭遇。几年前，当我专业发展遇到瓶颈时，偶然在网络上看到这样一则招生启事：

寻找尺码相同的人

新教育实验网络师范学院面向一切在职教师、基层教研员、其他教育研究者，以及立志于教育的师范生开放，寻找并欢迎所有与新教育“尺码相同”的人。

新教育的“尺码”是：

虽同样身处浮躁的时代，但不肯放弃早已被许多人弃如敝屣的理想，而是始终怀着一颗真诚的心，勇于承担身为教师的责任，在自己或者希望在自己的教室里，守护着最初的纯真愿望；

追求真理，求知若渴，愿意亲近那些真正伟大的书籍，尤其是那些能够帮助我们理解教育、理解人性、解决问题的专业书籍，并且甘心承受一次次的“打击”，勇于不断地自我否定，将专业修炼视为终生之事；

希望自己的生命经由教学，经由学生的成长，而不是经由公开课、论文、职称评定等获得意义。

我们拒绝以下老师加盟新教育实验网络师范学院：

愤世嫉俗，空谈民主与自由，习惯归咎于政府、环境甚至家长、学生，而缺乏经常性的自我反思、缺乏担当的虚无主义者；

以成就自己的名利为核心，热衷于公开课、发表论文，视共同体为索取资源之所，而非通过奉献彼此丰富之地的功利主义者。

培养目标：

新教育实验网络师范学院，希望通过持久的努力，使学员达到下列目标：

1.拥有高度职业认同，理解新教育理念以及三大课程，并且能够积极地运用于教育教学，尤其是能够设计和践行真正意义上的新教育课程。

2.拥有合理的知识结构，深刻理解若干本教育学、心理学以及相关专业根本书籍，有一定的教育叙事能力；更重要的是，逐渐形成知性阅读能力，形成反思教育教学的专业框架并达到初步自觉。

3.不但能够胜任自己的教学，而且能够达到优秀甚至卓越。

总之，新教育网络师范学院希望通过“经典研读+案例学习”的方式，培养出大批真正热爱教育，扎根教室，能够以素质教育的方式将学生引向卓越的教师。

这则启事，宛如一束光，突然投射到我身上，撞击到了内心。这不正是自己长期以来内心渴望但未能清晰表达的方向吗？

之后，我开始上路了。

从2009年开始，我加入这个专业发展共同体，开始了专业阅读与专业写作。我连续三个学期承担了“构筑理想课堂”课程，与全国各地的老师一次次打磨、研讨每一篇课文的解读，每一堂课的大问题、交集点、板块等。记得第一次主持《泊船瓜洲》这首诗歌的研讨，我不仅写了上万字的解读分析，为了有切实感受，还亲自到毛阳小学五年级借班上课，并写了几千字的课堂实录。

几年来，我购买了近万元的专业书籍，写了近 40 万字的教育随笔、阅读笔记等。在干国祥、魏智渊等老师的引领下，在网师同学的鼓励下，我除了担任讲师主持研课和教育学经典解读，还陆续选修了存在哲学、诗歌理论、文本解读、苏霍姆林斯基教育学、皮亚杰的心理学等课程，出版了《给青年教师的四十封信》一书。

遭遇魏智渊老师，对于我来说是一次方向上的转变。专业学习激活了我的生命状态，找寻到自我价值，完善了知识结构，领悟到教育真谛。

三、要努力促进人全面和谐的发展

遭遇对于人的成长有决定性的作用，教师应从课程上努力，让学生不断产生遭遇，如果诗歌、影视、书籍不能真正触及人心灵深处，不能改变生活，那么文化知识也就无关紧要了。许多讲座、阅读之所以没有产生力量，就是因为没有成为“遭遇”。

遭遇产生的前提，一方面与提供的机会有关，一方面也与人全面和谐的发展有关。一个没有接受系统教育的人，没有形成良好教养的人，他的遭遇，只是偶然巧合的，没有体现自觉性，依然是不自由的。而且，遭遇的片面性会导致人的片面发展。

只有不断拓宽文化知识，阐明理解范围，才有充分的遭遇。学习了存在主义，可能看《死亡诗社》《狮子王》《魔戒》就会成为一个遭遇，否则，即使看了，也只是停留在热闹和剧情上面而已。

所以，博尔诺夫说：“对人来说教养和遭遇之间存在着一种相互依赖的关系。没有全面的教养，个别的遭遇仅仅是一种巧合。所以教学必须拓宽文化知识，阐明理解范围。 在这些基础上才会产生充分的遭遇，但另一方面，如果不能产生真正的触及人心灵深处的、改变其全部生活的遭遇，那么所有的文化知识都不起作用，所以也就无关紧要了。”

四、教育者要正确对待危机，善于利用危机

危机、挫折、打击等令人不愉快的事深藏于人类存在的本质中，它既可能是吞噬生命的泥淖，也可能是滋养生命的沃土。 人只有在危机中或经历过危机后才能真正成熟起来。《狮子王》中“弑父”的辛巴被流放后，就是一个危机，它通过这个危机才真正知道“我是谁”，知道它是万兽之王，是“狮子王”。 而在经历旷野中的流放之前，它并不知道这一切，它只是一个“公子哥”，一个“王位继承人”——它可能继承“位”，但无法继承“王”，它通过流放真正地继承了父亲的遗产。

教育要直面此存在，使学生在遭遇危机时，不是沉沦、消退，而是摆脱无所事事的状态，唤醒其对全新的更高级生活的向往。

为此，在孩子经历危机时，教育者应该采取以下正确的措施。

告诫：力陈利弊，指明出路，使其幡然醒悟，给受教育者实行的自由，防止青少年遇到危机时消沉下去或误入歧途。

号召：不带强制性，不是耳提面命式的，而是给受教育者以决断的自由，把青少年的力量动员起来对付危机，推动他们恢复中断了的发展而重新走上正道。

唤醒：唤醒孩子处在沉睡状态的道德意识，使他们回到本源上去，从而认识自己和自己所处的世界，以免其受周围世界和生活影响，对世界存有偏见。

错误的做法是，在孩子遭遇危机时，家长或老师包办代替，代替学生承担困难，或用安慰去掩饰或低估危机的严重性。

那么，克服危机过后的新起点，是简单恢复了原先中断的发展吗?

不是。克服危机是对迄今不合适的生活加以批判分析，从而回溯源头，在更本真的领会中重新开始。

博尔诺夫说：“人似乎不可能像对进步的理解那样直线地向前发展的，而发展一经受挫总是重新返回到本源处，然后再从那里开始。这种本源并不是时间意义上的本源，如果我们能在历史发展中倒退回去，我们就会发现世界最初的形态并不是圣洁美好的，而是一个已经发生了腐败和退化的掩盖了其实质的世界，人们必须在批评分析中才会了解它的最初形态。为了使人类文化能够创新和不断更新就必须不断地补充新的东西。这就是不断进行的文化批判的作用。”

比如，**因为有西方文化侵蚀的危机，使我们有机会重新回到源头领会中国传统文化的价值。近代以来，西方文化在中国的影响力不断扩大，对中国传统文化形成了冲击。此时，一批坚守中国传统文化的学者坚信中国本土固有的儒家文化和人文思想存在永恒的价值，他们追本溯源，返宗儒家，一方面致力对儒、释、道三家做出新的诠释及应用，另一方面把西方哲学思想融会在中国传统智慧之内，融合中西哲学，从而建立了新儒学，让传统文化焕发了新生机和力量。**

五、教育者不能人为设置危机

既然危机会成为新起点的机会，教师是否可以为学生不断制造危机？这样是不可以的。因为危机总是意味着可能引发不幸，而且教师不能完全控制它。教师要做的是为学生的危机做好准备，在学生面对危机时，采取告诫和激励的办法，克服危机，开启新的起点。

六、在危机中重建信任，在信任中直面危机

既然危机根植于人命运的本质中，那么我们依靠什么来保持对明天的希望与挫折后的勇气？ 这就涉及下一章要讲的信任。

一方面，恰恰是危机给予了我们信任。 深刻的信仰总是经历了深刻的怀疑之后方可获得。 这种信任和希望的力量不是人们自己能够产生的，它必然是给予的。 博尔诺夫说："要使人的生活带有明确的目的性，必须同时进行两项工作，其中之一是通过自身的努力去获取某些东西，即通过理智和伴随它而产生的有目的行为的力量去创造人类有秩序的世界。 但由于总是存在着一种旨在消灭所有秩序的破坏，如果人类不丧失信心，他们需要具有那种基本的信任和希望的力量，这种信任和希望的力量不是人们自己能够产生的，它必然是给予的。"

另一方面，我们要建立对世界根本的信任。 这种根本的信任超越了一切"忧虑"和"失败"，是我们生活的最后基石。 看透这个世界，但我依然爱它。 人类生活只有基于对世界的根本信任，才有可能在世界上产生有意义的行为。 只不过这种重新获得的对世界和生活的信赖也仍然时常受到威胁，人们必须不懈努力以克服不断产生的绝望感。

绿色的方舟，心灵的重建

2008 年 5 月 12 日，突如其来的汶川大地震给震区的孩子带来了巨大的灾

难和刻骨铭心的伤痛。 面对这些心灵（身体）遭受创伤的孩子，许多教师在介入灾后儿童教育的过程中陷入误区，要么是空洞的道德说教，什么“抗震救灾，众志成城”之类，要么就是放任自流，毫无作为，有的还按部就班上正常的语文课和数学课，而孩子们没心情也不感兴趣听。 亲历现场的魏智渊老师描述道：

> 我们一边开展课程，一边观察老师们上课的情况。学生们在老师的指导下，大声喊：我爱你，中国！我爱你，北川！I love you！还有一些大声唱：假如感到快乐你就拍拍手……学生们表现得非常放肆，而且情绪高涨。即使在平时，除了极个别学生，也几乎看不到地震在孩子身上的投影。许多孩子的表情看起来不但正常，甚至会让人感觉到他们很“快乐”。
>
> 这是一种很危险的情形。从学生方面讲，他们反常的“正常”其实蕴含着危险，因此需要适度的疏导。从教师方面讲，因为学生的特殊遭遇，因此也是一种非正常的师生关系。更大的危险在于，如果老师没有合适的课程提供给学生，很容易走向两个方向：一是迎合宣传的道德教化，宣传抗震救灾的“伟大胜利”，并引导学生学会感恩；二是放任自流，纵容学生，没有纪律性。总之，很难真正带着学生热烈有序地开展教育并进入一种正常的师生关系。

干国祥、魏智渊、马玲老师在灾区绵阳“八一帐篷学校”组织老师和孩子们开展儿童课程、读写绘课程、晨诵—午读—暮省课程，摒弃不恰当的心理干预，使儿童在一种充满关怀而不是干扰、润泽而不是喧嚣的环境中慢慢恢复正常的心理状态。 在抚慰儿童受伤心灵，消除灾后心理隐患方面发挥了巨大的作用。

为什么这些课程有如此功效和魅力呢？

魏智渊老师说：“课程背后的核心是叙事疗法。 何谓叙事疗法？ 每个人的一生都是一个以自己为主角的故事，从孩提时代就开始不断地书写。 而每一个故事的书写，都有一个蓝本。这个蓝本，可能是一个故事中的主人公（比如灰姑娘或者丑小鸭）或者某一个伟人，更多的可能是爸爸妈妈或者有成就的邻居。孩子会依照这个蓝本不断地对经验进行选择，决定保留哪些经验，舍弃哪些经验，并努力模仿蓝本，不断地推进自己的故事趋于完整。这个蓝本，其实就是自我镜像。这个虚构的自我镜像使人在成长过程中能够始终朝向一定的方向努力，自我保持内在的一致性。

儿童课程，意义就在于将那些隐含人类文明最重要的美德的故事完整地交给孩子们，使他们能够借助故事形成更好的自我镜像，或者修正不正确的自我镜像，从而成为一个承载着人类文明特别是中华文明的健康和谐的人。

如果没有灾难，孩子们的故事会照样写下去，直至生命结束。但是突如其来的灾难，带来了故事中没有的经验，原来的故事被迫突然中断并陷入紊乱。这时候孩子会有两种反应：一是完全被击垮，原有的故事被击碎，童话不复存在，认为世界是一片悲惨，没有什么意义；二是压抑，把这种灾难记忆和悲痛的经验压到潜意识里，强调这一切都没有发生，或者只是别人的生命消失，与我们自己没有关系，甚至完全忘记。这时候孩子会表现得很平静，甚至很快乐，但后果会和形成堰塞湖原理一样，压抑、愤怒、悲伤全部压抑在潜意识里，终有一天会突然爆发。究竟什么时候？不知道，甚至可能在几十年以后。

教师在这个时候最好的选择有三种：宣泄、重构和升华。所谓的重构，就是在宣泄之后，重新把断裂的故事接续起来。而接续的办法之一，不是回避灾难，则是将灾难视为一种经验，编入故事之中。这一过程，可能通过一系列的故事来完成。在儿童课程中，有许多这样的绘本和童书，可以有效地帮助儿童重构他们的故事，将被灾难击碎的自我重新整合起来，使故事保持完整并继续书写。”

我们对每一位去现场的教师提出要求：

1.务必谋求与当地教师联合行动，要尽可能通过行动，起到培训当地教师的作用，这样在我们离开之后，他们能够继续通过特定的课程抚慰孩子们受伤的心灵，重建灾后教育。

2.首要的是倾听、注视、陪伴、慰藉。

自我练习一种平静、祥和、真诚、坦率但不做作的语气，同时与孩子接触时，身体也要呈现出此种平静、祥和、真诚，而不显得僵硬做作。借着目光的注视与恰当的姿势、动作，表达你愿意接纳他、听他说话的态度。谈话时要专心，不要一边谈话一边忙其他事情，也尽可能不要被其他事打断。要有耐心，给他足够的时间谈，尽量不打断他的话，让他体会到你的全心接纳。注意对方言语和非语言讯息（例如眼神、音调及肢体动作等）的表达。如果孩子有特殊困难，可努力协助他寻找资源或援助，来帮忙解决问题，但不要轻易事先承诺。随身携带本子，让孩子写下他的姓名，原来的学校，年级，他父母和老师的姓名——这一切要在对话中进行。牢记孩子的姓名和特征，若有需要，在一次谈话后，可约定下次谈话的大致时间。对有较强孤独感与恐惧感的孩子，可通过轻微的肢体接触，消除他的孤独与恐惧。对孩子错误的观点，一般情况下不要评判，也不忙于矫正，先要倾听。不要把自己的人生观，或者所谓的坚强的人生态度用语言强加给孩子；但你应该用人格呈现此种人生态度。你应该以自信、镇静、豁达的人格力量与形象呈现于孩子面前。能否顺利与孩子建立相互信赖的关系是此行心灵抚慰及教育重建成败的关键，只有在此基础上，我们才能通过合适的课程，帮他重建生命认同与社会认同。

3.让孩子在课程中宣泄、转移、升华。

每天要展开的课程主要有：读写绘，讲故事，体育及游戏，唱歌，语文学习，诗歌（晨诵），看电影，写作，谈话……

4.课程要点有二：一让学生在绘画、作文中宣泄与讲述，在音乐、电影和故事中转移与遗忘，在经典结构性的故事中谋求升华的可能；二是逐渐恢复日常教育教学，从而恢复儿童正常的生活。

5.课程目标最后的指向是：通过一种仪式、一个长久的课程，儿童学会将灾难纳入自己的生命叙事中，理解、接纳本次灾难，从而重建自己的生活。

我们选择的绵阳“八一帐篷学校”，一开始有学生 300 余人，后来陆续增加至 800 多人，集中了北川县在绵阳市的大部分小学生，近 200 名北川的教师。这里严格实行军管，不允许志愿者以及捐赠者进入学校。学校的任课教师从绵阳市高新区火炬小学调集，团队的老师们搭起帐篷，驻扎在火炬小学，开始培训即将进入帐篷学校任教的教师，并迅即组建了由北川学校教师、火炬小学教师和援建小组联合组成的教学组，致力于恢复正常的教育教学秩序。由于出色的工作，我们很快得到信任，获准进入八一帐篷学校，协助他们复课，并逐渐形成了被北川教育同人及部队认同的八一帐篷学校特色。

援助小组的日常安排是这样的：

早晨，通常是用诗歌来开启黎明。低年级往往选取歌谣，如《毛虫与蛾子》《早安，小松鼠》等这样的诗歌，中年级则选取《我是一只小蝴蝶》或者《向着明亮那方》《全世界都在对我微笑》等这样的诗歌，而高年级会选取《千屈菜》《相信未来》等这样的诗歌。这些诗歌，往往不是直接与灾难关联，但诗歌中天然有一种明朗的力量，能够不知不觉中给儿童心理以很大的支撑，并且这些诗歌都不要求背诵，诗歌的选取，一般要求直接与儿童当下生命发生关联，能够直接撞击儿童的心灵。

我们通过儿童课程，和学生建立关系，在课程中帮助他宣泄、转移，最终朝向把灾难带来的伤害升华；在引导学生表达“信心、怀念、感恩”情绪的同时，加强“纪律、高尚、情操”等有助于恢复秩序的品质的熏陶。

我们的课程理念：将生命视为一个故事，将每一天视为一页或者数页由自己书写的纸。

我们给每个孩子发一个空白的写绘本和一盒油画棒。对于第一次接触到课程的孩子，我们总要通过简单的示范，告诉孩子：将生命视为一个故事，将每一天视为一页或者数页由自己书写的纸。这雪白的纸页，将被你涂抹生命的颜色，如新叶般生机勃勃的绿，如火般热情洋溢的红，当然，也有各种颜色都汇聚在一起后，变得深沉含蓄的黑色。时光会逝去，生命会逝去，但你生命的足迹却每一天都留在这纸上，变成一个故事。因此，写绘本的第一页，要呈现一个精彩的独特的自我，作为你的自画像。

接下来就是用我们的课程和每一天的生活，来涂抹这雪白的纸页了。

晨诵项目是儿童课程中对学生起效最快的。在绵阳八一帐篷学校中，又得到了验证。我们精心选择了与当下相关联的、明亮的清新的诗篇，表达怀念、信心、感恩，强调纪律、高尚、情操。

晨诵《你的名字》后，孩子们也把地震中他永远难忘的这些闪光的名字写在了写绘作业中，刻在了他不凋的生命树上。

儿童课程项目非常灵活开放，永远为班级当下、学生当下寻找最适合的。比如四（1）班正常进行课程两周后，突然一下子又来了20多个新生，人数占了班级现有总人数的三分之一，已经形成的安静、有序的优良班风要受到影响，因此，马上在新同学进班的第一个学习日就选择了《哑巴知了》。结果这些新进来的孩子，马上就像水一样，被融进了大海里。

晨诵之后，会有精彩的绘本故事给孩子们看。这些绘本故事包括《爷爷一定有办法》《活了一百万次的猫》《猜猜我有多爱你》《月亮生日快乐》《我是霸王龙》等，都是经过精心选择的作品，故事本身能够直接地进入儿童的心灵，而教师与学生关于故事的讨论，又会让人类文明最核心的价值不知不觉地影响儿童。更重要的是，绘本故事的回环往复的结构，充满爱的情节，会让灾后受伤的心灵在故事中找到安全感，许许多多的伤痛也能够通过故事得到宣泄，从而达到疗治创伤的效果。

绘本与儿童绘画是结合在一起的（简称“读写绘”），这种绘画，不是为了学习绘画技术，而是让儿童自由涂鸦，甚至通过绘本编写故事，创作连环画。绘画也具有心理治疗的作用，教师也可以借助绘画观察儿童内心，通过绘画与儿童展开交流，建立信任。如果有更长的时间，还计划开设整本书阅读讨论，发展儿童的知性。高年级在绘画之外，还增加自由随笔，儿童可以不受限制地自由书写自己的感受，教师与儿童通过相互书写增进了彼此了解，加强了彼此交流。

故事的选择，也同样是基于班级里发生的事情。

比如在五六年级，我们发现有城里孩子歧视乡村孩子的情况出现，于是便选择《彩色的乌鸦》绘本故事，从课程的角度精心做了修改，由山西运城的高丽霞老师带领学生阅读，随后在这个班又由后来的王丽娟老师带他们一起共读另外一本讲述漠视生命的童书《一百条裙子》，通过儿童课程将出现的问题慢慢消解，并提升学生的认知及情感。

如果没有合适的绘本，我们的老师就采用自己创编故事的办法来进行。比如干国祥老师在五（1）班和学生一起用他带来的黑星宝螺讲了一个关于坚持努力、实现愿望的故事，而我则结合我们四（1）班杨安林的事情，编了一个有关尊严的故事。这个孩子和上一年级的弟弟在一起，从进入帐篷学校后就一直没有被家人接出去过，他的头发很长，于是我就利用星期天的时间带他去理发，并且和他一起去为班里买西瓜等水果。但没想到的是，他坚决要付三轮车的3元钱，而他身上总共只有4元钱。

一块石头，一个玩具，一棵小草，一只昆虫……全部拥有神秘的故事，而其神秘与精彩，又源于讲述者的创造与灵性。让孩子们参与创作，让他们来决定故事的走向。

一周后，儿童课程的效果就基本上显现出来了。很多北川的老师主动来请教如何开展儿童课程。孩子们的脸上，也真正有了开心的笑容。

一个孩子告诉马玲老师，琳琳说她爸爸被压成了一张纸。这个孩子还说，琳琳这话是悄悄告诉她最好的朋友的。另一个孩子则有些激动地对我描述，那天在震后的废墟上，她看到了很多同学血肉模糊。

“爸爸被压成了一张纸”，对于这个孩子来说，这是一个多么残酷的印象。马玲竭力搜索着有关这个女孩子的所有记忆，才发现居然从未见到她笑过，从未听到她说过一句话。但是她的写绘作业却完成得很好，画得也不错，只是续编故事的时候结尾总是有些悲惨。这个孩子在这次地震过后成了孤儿，因此当新教育小学三（2）班的孩子们邮寄来礼物时，马玲特地挑了最大的史努比毛绒玩具送给她，但是却没想到在她的心中有这样深的隐痛，如果她不宣泄出来，将这样的印象一直压在心底，压入意识深处的话，那么这个孩子将一辈子也无法逃脱这噩梦了。但是具体该怎么办呢？晚上，援建团队例行汇总一天情况的时候，进行了专题研究，提出了应对原则：将定格于此画面的记忆，向前回到以前，向后到达内心。“你爸爸在你的记忆里，是完整的，他的灵魂是完整的。只要你想起你以前和他生活在一起的情景，他就是鲜活的，永远存在于你的记忆中。”

第二天是星期天，孩子们都休息，正是好机会，马玲又来到帐篷学校，和这个女孩一起进行了一次“秘密行动”，最后他们进行了自然的家常谈话。她把父母都怎么不在的详细情形全告诉了马玲老师，原来她父亲是一个出租车司机，地震那天，正好有一块大石头落下，一下子就砸在了车上……

那天过后，马玲老师又组织学了一些表示怀念的诗，比如《千屈菜》《遗忘的歌》等，后来，在负责班里生活的解放军要撤离的时候，这个女孩很精心地画着一张张画，说是要送给这些兵哥哥、兵姐姐，而每张画上都写着《千屈菜》。

这样，通过诗歌、绘本、故事、音乐，孩子们慢慢恢复了一个平静的童年，动听的羌歌又在校园里回荡着……

除儿童课程之外，我们每天还安排一定量的学科课程，但是学科课程没有繁重的作业，而是摆脱应试目的之后的课程，激发学生对于知识的兴趣，对于学科的兴趣。这是恢复性质的，将逐渐过渡到正常的学科教学。

这些课程安排，都是由援助小组选择若干班级示范，火炬小学支教老师协助开展学科课程并逐渐熟悉学科课程，北川的老师主要以听课为主，不久以后再慢慢参与其中。因为这些孩子的教育，最终要移交到本地教师的手中。

而所有这些安排的背后，有教育学和心理学的基础，即通过儿童课程鼓励儿童对自己的经验进行重新叙事，通过叙事慢慢地治疗创伤。

（此文选自民进中央网站文章《绿色的方舟，心灵的重建》，有删改）

成长的秘密

——《狮子王》解读

一

我们很多人皆如普通的猫鼬一样，终其一生都仅仅是为了安全、温饱而在“地下”忙忙碌碌不停“打洞”，忙碌且满意着，不去省察，认为这就是天命，即使如丁满妈妈一样，拨开芦苇看到眼前是如何的光明、生机勃勃、五彩斑斓，但也会归纳为一句“那是别人的”。

丁满的成长秘密是什么？

一言以蔽之：不断地遭遇。丁满在不断地遭遇过程中，逐渐发现自己，挑战自己，从而超越自己。

在成长过程中，每个人都能看到自己处于的阶段。没有谁一开始就是圣人，没有谁能一眼看到自己可以抵达的目的地，精彩是在一次次遭遇中不断创造的，自身是在旅程中一次次历练完善的。

即使如丁满，一开始也只是想“让悲惨的生活增加点光亮而已”，只是“离开挖地洞”，寻找到一个有草地、吊床、美味的地方，过一种无忧无虑的生活。我们不也是如此吗？只不过换成了房子、车子、票子、位子，让生活过得无忧无虑。回想自己初高中学习的动机也不是什么“寻找自己”“活出意义”，只是为了“跳出农门”，改变脸朝黄土背朝天的命运。

丁满是幸运的，当只有想法（离开挖地洞）而没有目的地时，当离开母亲独自闯荡而孤独、恐怖时，他遭遇到了神秘的老狒狒拉法奇，丁满恳求其能为他画个地图，告诉他抵达的路径。正如我们总是期待一个具体的窍门、便捷的后门、顺畅的大门，然后自己顺藤摸瓜，按图索骥，抵达理想的目的地。而拉法奇只是告诉他：要超越你所看到的。

听到这句话，我们也会同样失望，更何况是丁满呢？但，这的确是最有价值的。许多人终其一生如果能抵达自己所看到的，那都是我们认为的成功者，何况许多人都湮没在通往成功的路途中。告诉一个目的地，那只是一个确定。而“超越你所看到的”，提供的是无数的不确定。所以，当丁满说自己想要到达理想之地时，疣猪彭彭纳闷地问他，如果你要超越你所看到的，你怎么知道抵达的是自己的理想之地呢？

二

超越困境还是容易的。苦难激发动机，苦难孕育智慧，苦难增长才干，许多从农村出来的成功人士基本是这一种情况，所以有“苦难是一笔财富”

“生于忧患死于安乐”“天将降大任于是人也，必先苦其心志”等励志格言。**真正难以超越的是“顺境”，是自己苦苦奋斗、梦寐以求的“成功”和“既得利益”，许多人不是“死”于苦难和逆境，而是“死”于“功成名就”，迷于“荣华富贵”，止于“鲜花美酒”。**

当丁满住着温暖的巢穴，吃着鲜美的虫子，在挂满鲜花的秋千上悠闲地荡来荡去时，他的确不想走了，这不是自己一直以来苦苦寻找的生活吗？比起那些仍在地下打洞的同伴来说，自己已经抵达“天堂”，是名副其实的“成功人士”了，已经有足够的理由可以荣归故里，衣锦还乡，光宗耀祖。

当丁满躺在辛巴宽厚而温暖的胸膛上酣然入梦，甚至环抱着辛巴的脚掌入睡时，是何等满足。此地不仅是他梦中的世外桃源，还有恋恋不舍的感情啊。所以，他绞尽脑汁破坏辛巴和娜娜的温柔之夜。

舍弃这些，超越自己，哪是说句话这般容易啊！宽敞的房子，不错的待遇，熟悉的人际关系，多少年积累下的资历、威望，这些都是无形资产啊。你为什么还要努力呢？停在这里不是很好吗？要知道这已经是许多人终生都难以企及的“天堂”，为了寻找一个现在还是虚幻的梦想之地，抛弃拥有的成就和基础，想一想可以，真要走出这一步，不容易。何况，再往前走，谁知道又会遇到什么艰辛？

三

当丁满满足并享受当下的幸福时，他再次遭遇了老狒狒。

神奇的老狒狒拉法奇再次出现，“当头一棒”，敲醒了丁满。“要超越你所看到的”，从某种程度说，这就是你的宿命，要倾听自己的心声，超越黑暗，更要超越美好。想想离开自己的彭彭，丁满哭了，他找寻到了自己的牵挂，他知道要到达精灵世界，还有很长的路要走，还要加入一项伟大的事业中去——帮助辛巴夺回狮王的位置。

干国祥老师曾经说过:“何以‘成为自己’，一种是把一项技艺做到炉火纯青，独一无二。一种是加入伟大的团队，找到合适的位置，在取得真经之时，自己也修炼成佛。”小人物可以参与大事业，可以见证一段伟大的历史，可以铭刻一座不朽的丰碑。不要认为自己潜质不够，才能不高，瘦小的丁满在吃蜗牛的比赛中，和辛巴旗鼓相当。

找到伟大的事业，需要机缘，不是每个人都能恰巧遇到未来的“狮王”，不是每个狮子都有成为“狮王”的愿望。更多的是如土狼一般在为填饱肚子而钩心斗角、尔虞我诈，更多的是如刀疤一样为实现自己的野心而玩转阴谋、算计、欺诈，更多的是那些如猫鼬一样为自身安全和温饱而默默不停地一生“打洞”。

四

说电影，其实是说自己啊!“超越我所看到的”，遭遇新教育实验，遭遇新教育网络师范学院这个特别的团队，寻找自己，超越自己，成为自己的“国王”。现实中不可能遭遇巫师并给予点拨、警醒、棒喝自己，如果有，那就是眼前这一本本经典的书籍了。我不相信平庸、堕落是自己的宿命，如果有，我的宿命也应该是找寻、发现、求索、追逐。

抬头看看头顶浩瀚的星空，想想那深邃的宇宙，夜晚如此宁静，星空如此浩渺，亿万年的进化方有今日之思考，你得叹服这个茫茫宇宙的神秘，感叹生命的神奇。有幸在这星球上走这一遭，哪有理由停留在地下“打洞”? 岂能不开出一朵花来? 我想，到年老时，敲击回放键，浏览自己的一生，定然会无怨无悔，会发现——

哦! 原来抵达的地方比梦想还要美!

第二章 空间与时间

时空并非自然存在，是人为了把握世界而创造出来的。但人创造了时空之后，就遗忘了它们的本质，将时空当成了外在于人的客观真理或标准。其实，我们并不存在于时空之外，时空本身就在我们的存在之内。人是在时空中形成了本质的自我。人要在家园与外部空间之间、昨天、今天与明天之间保持一种动态的平衡。面对未知的远方和不确定的未来，人需要培植根本的信任和希望。

博尔诺夫对时空关系的研究，是从时空与人的关系、时空对人的意义角度来重新思考的，他揭示出了空间的教育人类学意义，对教育内涵的界定、教育内容的扩展和教育意义的更新产生积极的意义。博尔诺夫对空间的重新理解，对我们的当下有着深刻的现实意义。

空间内在于人的存在之中

我们不言而喻地认为空间天然存在，所以只是问空间是什么，而忽略了空间如何存在。空间并非自然存在，是人为了把握世界而创造出来的。但人创造了空间之后，就遗忘了它的本质，将其当成了外在于人的客观真理或标准。其实，人并不存在于空间之外，空间本身就在人的存在之内。

物理和数学上的空间概念是抽象、均匀、同质、无差别、统一而无组织的。哲学对空间有着独特的理解，人不是像物一样存在于空间中，人的主观思维、认知、情感受空间影响。从人类学的角度来看，在空间中，总存在一个以“家”为中心的点，“存在一个优越的中心点，这个中心点是由作为世界中心的人给定的，所有其他点均与之相关，是一个持久性的地点，也是人所依附的家的所在”。比如，对于我而言，以童年成长的小山村为中心，逐渐延伸出了故乡、邻村、山外、他乡、远方这些空间概念。

空间具有一定内部结构，各种方向不是等值的。人与垂直方向的关系、人与水平方向的关系、人与点的关系，体现出了不同的意味，对教育提出了不同的要求。

在垂直方向上，表现为向上和向下。向上的直立行走是人区别于动物的主要标志之一，向上是光明，向下是黑暗，人都愿意向上，不愿意向下。保持向上的姿态是需要不断努力的，这就要求教育要培养人坚韧不拔、顽强不屈的精神和意志。

在水平方向上，表现为向前和向后。向前是发展，向后是倒退。人与社会正因为在不断向前发展中，才生机勃勃，朝向理想，日臻完善。人都愿意向前，不愿意后退，要不断向前，就需要人保持坚定的品质，这就要求教育要培养人勇于进取的精神。

在人与点的关系上，表现为空间的拓展。生命是一个偶然，“无家可归”是人的宿命，是人的不自由，筑造、栖居、建立家园才是人的自由。人被偶然抛到一个陌生的环境中，这个环境不是他选择的，也不是他寻求的。人作为陌生人而被打入该环境之中，首先需要在空间中建立一个点，或者称内部空间、根、家园，作为稳定安全的“居所”，从而获得安全感和稳定感。这个家园不是指物质层面的房子，而是指精神意义上的家园。它可能是一个带锁的日记本，一种信任的关系，一个独立的房间，一个温暖的家庭，一个润泽的教室，也可能是一个有共同愿景、使命、价值观的共同体，一个有共同血缘、文化、语言、历史的民族。比如，犹太教就是犹太人的灵魂家园，儒家就是中国人的精神家园，这样的家园由社会文化所建构，并塑造影响人的认知过程。一切所谓的家园都不是永久牢固的，房屋会坍塌，故乡会沦陷，团队会解体，文化会重构……所以，每个人本质上都是“无家可归的人”。萨特悲哀地说：“世界是荒诞的，人生是痛苦的，生活是无意义的。”

人立足于家园，一定程度上扎下根，然后通过道路、河流、桥梁，把我们家园的概念扩大到更宽广的地方，由此而开拓出外部空间和未知空间。博尔诺夫分析空间的内涵，核心就是启发教育者，一方面要建立一个稳定的家园，让人获得安全感；一方面要培养“根本的信任”，能够让人在失去家园时有重建家园的勇气，能够让人有离开家园不断向未知空间探索的胆量和冒险精神。

一、内部空间

“居住”（建立家园、筑造）是需要学习的。

“居住”意味着人在陌生的地方确定了内部空间，有了高度的安全感与明确的方向感；意味着人要像农民一样扎根于真实的土地，搬起石头，涂上泥巴。一草一木，一砖一瓦，亲手筑造，在大地上建起一个家园（根、大地）。这个家园必须是具体的空间点，必须是心灵的栖息和双手的劳作筑造。这种对物理空间的筑造，也称为驯化——把冰冷坚硬的物驯化为我们的家园，那是柔性的，有记忆的，有温度的，与欢乐和眼泪相伴随的。

“无家可归”是人的宿命（正如存在主义所揭示的），学习“居住”是人的自由。堕落不是自由，努力才是自由。所谓堕落，只是人放弃自己的意志，听从本能或宿命。而自由，往往意味着与本能及宿命的抗争。所以，英雄是自由的，英雄在与命运的抗争中获得了自由与尊严；庸众是不自由的，庸众只是顺着本能、宿命，以及未经反思的习俗（文化、制度……）而生活。

家园往往会受到外在因素的侵蚀、冲击，甚至毁坏，比如今天电视、电脑、手机带来大量的信息就有可能对人精神家园造成冲击。人需要不断对家园防护、布置，在毁坏后，还要重建，重新“居住”。家园内的安全是不可能永久的，当房子坍塌、家园沦陷时，依然保持信任与希望，这就是绝对的信任、绝对的希望。所以，“居住”不仅表示居留在某个空间，而且同时还表示人的某种内在的精神状态。许多人在遭遇挫折后，一蹶不振，甚至自杀，就是失去了重新“居住”的勇气和能力。

这种内在的精神动力（即绝对的信任）是需要学习的。必定是通过日复一日的生活，尤其是在挑战困难，面对“非存在”中逐渐获得并加深的；是在一次次流离失所，或者说一次次丧失中学习到的。这种学习中，有纵身一跃的抉择，有不断反省自身的思索，有不间断的实践。教育的主要目的之一，就是让“无家可归”的人重新筑造家园，不仅给他们提供一个安全的空间，而且从他们身上发展能实现真正“居住”的内在条件，即对世界根本的信任和希望。

二、外部空间

充满竞争的外部空间和遥远的未知空间，虽然充满风险，却散发着诱人的魅力，人需要有大踏步迈向无限广阔空间的勇气和对自己力量的信心，跳出固定习惯的家园，跻身于神秘的、新的空间，把自己托付给不可预料的偶然性。没有这种经验，人生就会在昏昏沉沉的舒适享乐中失去活力。只有在这里，人的全部力量才得以施展，人才能享有真正的自由。

人需要在私人空间、外部空间、广阔世界中保持平衡。私人空间是归宿，是栖息之所，给人提供安全、舒适感，但如果一味待在家里，就容易满足于享乐而萎靡不振，所以人需要不断向外开拓，拓展到外部空间（如职业空间）和更广阔的未知空间。外部空间和未知空间是一个行动的公众世界，除了有与对手的斗争和竞争，也有与朋友的相助和结合。人的行动，就是居所的扩大，外部空间充满风险和斗争，能激发人一往无前投身于共同事业的勇气和承担责任的胆量，但需要以牢固的家园为支撑和前提。无限广阔的未知空间，可以让自己摆脱舒适享乐中的萎靡不振而充满活力，但前提是拥有对自我与世界根本的信任。教育一方面要给儿童创立安全空间，使他们在具有爱、信任的空间中健康成长；另一方面，要设置情景，创造机会，实践锻炼，注意培养儿童的胆量、勇气和奋斗精神，从而使儿童顺利进入外部空间，进而达到二者的平衡。

人既要有栖居的家园，又要朝广度进军，这是一种辩证的关系。家园的安全感给人以开拓冒险的勇气，并给从广阔世界回来的人提供一个安宁的空间得以积蓄新的力量。人通过对外部空间的开拓，在一次次挑战、冒险的成功中，不断扩充自身的存在，增加信心，增加更牢固的安全感，获得对世界更多的把握感。

房子的安全不可能是持久的，总会受到破坏性的威胁。广阔的外部空间是未知且充满风险的，那么重建家园的勇气和迈向远方的信心从哪里来？这需要在人的内心培植一种存在的信赖，把对世界和生活的最终信赖作为生命的根基。对此根基的养护守持不是一次性的，不是一劳永逸的，而是需要人不断争取、学习的。

三、空间概念对教育的启发

空间与人的这种关系，对教育有很大的影响和启发，人就是在空间中逐渐形成了自己的本质。要理解这一点，有必要先了解一下存在主义哲学。对人的认识上，存在主义哲学有一种观点——存在先于本质。人首先存在，然后逐渐形成了自身本质。人是在未完成状态出生的（本质没有限定），人有可教育性，人的先天基因为人的本质形成提供了各种可能性。本质形成的过程在于选择，人选择什么就会形成什么，人无时无刻不在选择。动物与人不同，动物一出生，本质就被决定了，动物的遗传基因已经决定、限定了其本质，所以动物终其一生，本质不会变化。人建立家园，并能向外部空间、未知空间拓展的过程，就是形成自已本质的过程。

（一）孩子需要一个安全、充满爱与温暖的家庭环境

安全对孩子有着重要的意义。马斯洛的需要层次理论中，人的第二层需要就是对安全的需要。对于孩子而言，安全感尤为重要，是否有足够的安全感，会对孩子一生的发展造成决定性影响。家应该是孩子成长的摇篮，休憩的港湾，是躲避外界风雨的安乐窝。**幼儿阶段有足够安全感的孩子，身心健康、自信、乐观，有利于形成探究未知领域的勇气。**缺乏安全感的孩子，自卑、懦弱、敏感，容易情绪化。安全感缺失所造成的心理创伤会影响、制约孩子未来的健康发展。**留守儿童的心理问题，就是由于父母不在身边，造成家庭亲密感的缺失，而孩子又不能从年迈的爷爷奶奶、姥姥姥爷那儿获得足够的关爱、引导和沟通，从而产生了孤独无助、无依无靠的感觉。**

（二）让学校成为老师和孩子的家园

学校对于教师来说，是一生中主要生活、工作的场所；对于学生来说，是其生命成长阶段学习、生活的重要环境。不论对教师还是学生，学校都具有重要的意义与价值。学校应成为师生学习、工作、生活的家园，而不是冷冰冰的“竞技场”或“工厂”。学校可以通过师生共读共写共同生活，凝聚共同愿景、使命、价值观，讲述属于师生的英雄故事、榜样传奇；应该有体现学习文化的校训、校风、校旗、校徽、校歌；有呈现学习文化的仪式、庆典、节日；有丰富的课程，理想的课堂，务实高效的教研；学校的绿化、美化都应该由师生共同完成，每一处痕迹都烙印着师生的智慧与汗水。师生在这样的校园有故事、有回忆、有牵挂、有情结、有眷恋。学校逐渐融入师生的灵魂血

脉之中，积淀成了生命中的家园。

（三）让教室成为师生共同生活、学习的家园

教师要在教室创设良好的文化氛围，师生之间、学生之间建立温馨而润泽的关系，让生活在其中的教师、学生获得安全感与愉悦的心境。 教室应该成为师生培植共同梦想、共同思想、共同语言、共同经历的家园，而不是充满平庸、冷漠，甚至充斥着暴力、专制、欺骗的“赛马场”和“竞技场”。 在教室里，每一个孩子都能感受到来自教师的温暖、呵护、期待，感受到来自同学的关爱、鼓励、信任，师生在充满信任、喜悦、和谐的氛围中游戏、交流与创造。 要构建教室文化，就要拥有属于自己班级的使命、愿景、价值观，给班级确定一个意味深刻的班名，同时还要精心构思寓意班级文化的班徽、班旗、班歌、班训、班级承诺等。 在教室的布置上，摆放绿色植物，养花，养金鱼，开辟“图书角”，甚至摆放乐器等。 教室最重要的装饰是师生的作品（大家共同生活过的照片和文字，乃至孩子们的绘画、手工作品等），而不是冷冰冰的标语和空洞的名言警句。 在教室里，更重要的是师生通过一系列国家规定的和自我开发的课程，发掘知识的魅力，不断获得成功的体验，体会到自我的意义与价值。 这样的教室，就会成为孩子们自由探索的空间，成为可以无限信赖的家园。

四、把团队筑造为家园

教育人类学对空间的解释，对我在团队管理的认识上有深刻启发。 我长期带领大学老师和大学生在农村实习支教。 400 多名大学生分布在 100 多所农村中小学，人数多且分布面广，对团队管理提出极大的挑战。

如果依照常规模式管理是很简单的：制定制度，布置任务，各司其职，依章监督。 这种管理模式，是工业时代的产物，强调秩序与控制。 标准化批量

生产极大地提高了生产效率，解放了生产力，但依靠外在监督的程序化、标准化管理方式，也扼杀了不确定性与创新的空间，在这样的管理模式下，人们习惯按照既定程序做事与思考，缺乏创造的动力与能力。知识分子是一个特殊的群体，其劳动是个性化创新性的脑力劳动，很难从外在进行控制。要想提高其工作质量，就必须从人的内在动力入手，从个体与团队的利益共同化入手。这样，就对管理者提出更高的要求，从执迷于控制转变为营造宽松的、鼓励创造的文化环境与氛围，使每一个成员都成为积极主动的创造者，而不是机械被动的执行者。

我通过一系列努力，让团队成为每一名成员温暖的“家园”，而不是冷冰冰的“旅店”。我们通过共读共写共同生活，建立专业学习共同体，把团队打造为学习型团队。在团队中强调对思想、观念与心灵的尊重，强调观念管理、自我管理、情感智慧管理、支持式管理、信仰管理，旨在让每一个人在轻松的环境中快乐地工作，并最大限度地发挥自己的创造性和潜能。**我们不以“生产效益”、成功率的最大化为目标，而是以生命的真正成长，以及在工作中发掘人生的幸福为目标，其他声名、物质财富则是这种追求的副产品。**

每学期，我给每位成员送一至两本经典书。为了掌握专业根本知识，提高专业根本能力，我们精心组织每次“相约星期五”读书会，共读经典，靠近名家。共读书籍主要从哲学、教育学、心理学、管理学领域的经典书籍中选择，关涉基础教育、课堂教学、职业素质等方面。团队成员每半月一次相聚共读，轮流主持，畅谈交流，我们高品质地共读了怀特海的《教育的目的》、朱永新的《共读共写共同生活》、科维的《高效能人士的七个优秀习惯》、威廉·巴雷特的《非理性的人》、弗洛姆的《爱的艺术》、乔斯坦·贾德的《苏菲的世界》等经典书籍、文章。除了共读、工作，我们在团队中营造和谐的人际关系：工作中，共同听课，共同书写；战友离开，会组织朴素而隆重的庆典，共诵诗歌；工作之外，组织大家春赏梨花，夏郊游，秋踏落叶，冬咏歌。生命就这样相互编织在一起。团队形成了海德格尔所说的“此在”——即使彼此听不到、看不到，但也共同存在，因为我们共同存在于一个世界。

通过共读共写共同生活，我们逐渐凝聚了共同的愿景、使命和价值观，认为工作不是外在于自我的苦差，而是呈现自我才华、实现自身价值的平台，是擦亮生命、成长自我的契机。通过共读，彼此沟通，相互认同，在保持差异性的同时不断地消除隔阂，形成了共同的语言密码，拥有了共同的未来。像小王子“驯养”玫瑰一样，大家精心“驯养”团队，让每一个成员都体会到家园感，体会到工作的意义，进而擦亮生命，发现自我。

生命的本质是时间

时间与空间一样并非自然存在，是人为了把握世界而创造出来的。在海德格尔看来，时间比空间对人更有根本性的意义。一个人可以选择终生待在某个地域生活，而且可以生活得很好，但他不能选择只待在今天（昨天或者明天）。人要完成的任何改变，都需要有时间，而不怎么强调空间，所以人常常考虑的是“接下来（明天）”做什么，而不是“在这里（那里）”做什么。出生地会影响人的教育和文化熏陶，但对于人来说这并没有多少内在的重要性，因为如果他愿意，他可以通过旅行和学习来弱化它的影响。然而出生时刻对人的影响却不能这么轻易消除。比如，如果我早出生一百年，就不可能体验到今天汽车、电脑、手机等现代化工具的便捷；如果我早出生一千年，就读不到那么多经典书籍了。所以人的出生日期限定了在时间中所处的位置，也限定了人可能选择的行动路径。

一、生命与时间

生命的本质是时间性。我们常说“珍惜时间”，而没有说珍惜空间。

在空间中虽然会出现不同的东西，比如南橘北枳，但一粒种子只有经历时间才能发生根本性的变化：萌芽、破土、开花、结果。我之为我的本质是由我过去的生活、当下所思所行以及对未来的期待所决定的，而与遥远的地方发生的事情关联不大。一本书、一幅画、一首诗歌，也是通过时间来传递的，所以，我们会询问作品是否经得起时间的考验，而不是问是否经得起空间的考验。

时间并非存在于人之外，人就生活在时间中。

时间并不是“在那里”，而是我们就“携带”着它。阿根廷诗人博尔赫斯曾用诗歌形象地描述：“时间是一条把我卷走的河流，但我就是河流；时间是一只把我撕成碎片的老虎，但我就是老虎；时间是一团把我烧成灰烬的火，但我自己就是火。”所谓珍惜时间，其实是珍惜时间中的我；不停流逝和减少的是我的时间；我害怕时间，其实是害怕处于时间中的我自己。

二、人类学对时间的解释

我们一般理解的时间是科学意义上的：同质、静止、独立、彼此无限紧密排列而成的连续序列，如秒、分、时、天、周、月、年、世纪……科学意义上的时间，是独立于人之外的。逻辑合理但不符合常规的芝诺悖论和飞矢不动的理论也是从科学意义推断出的。人类学视角下的时间则是从人在生活中具体地度过时间的方式出发。它随着人精神状态的不同而不同，它与人的生命相关，变化、流动、创造，互相渗透，这才是我们的真实时间。

动物和植物仅靠物理时间而生活，一年又一年，一个年轮又一个年轮，它不会有意识总结学习过去的经验与智慧，更不会有预见地谋划未来。但人不同，人除了生活在物理时间里，还生活在心理时间中。比如爱因斯坦曾对前来咨询相对论的人做形象解释：“你同你最亲的人坐在火炉边，一个钟头过去了，你觉得好像只过了五分钟。反过来，你一个人孤孤单单地坐在热气逼人的火炉边，只过了五分钟，但你却像过了一个小时。这就是相对论。”等人、候车的时间，如果是焦急等待，那么感觉枯燥而漫长；但如果用来读一本喜欢的书，那么感觉宝贵而短暂。对于人来说，最真实的时间需要靠直觉来把握，如存在的全部力量被压缩而释放的创造时刻，如恋人约会时的“高峰体验”时刻——内心充满巨大幸福，彼此完全忘却了时间。

根据心理体验的不同，时间可以划分为心理时间（本能、情绪）、生物时间（节奏、四季变化）、计划时间（规定、约定）、绝对时间（庆典时刻、高峰体验）等。

三、人与时间的正确关系

人要处理好与时间的关系，“既不要停留在时间的后面，也不要不耐烦地想赶到时间的前面去”。

（一）珍惜时间。

什么是珍惜时间？一是不虚度时光，不让时间白白消耗。“少壮不努力，老大徒伤悲”，在该奋斗的时光不要选择安逸。二是做正确的事，要做与年龄、时间相匹配的、有价值的事。本该刻苦求学的青少年时光，迷恋网吧；上班时间，沉湎网游，这都是虚度时光。三是增加时间的“密度”，在相同的时间内，能做比大多数人多的事，就是加大了“密度”。 小学语文课本里有一篇林清玄的文章《与时间赛跑》，就是谈这个道理。 许多优秀的人每天早晨读书、写文章，在正式开始上班时就完成了当天的学习，日积月累，就相当于比别人多活了时间。

（二）避免拖延症。

“有人由于惰性或马虎而停留在时间要求的后面，如果他不及时完成工作，或者在规定期限（开始工作、列车出发等）的情况下来得太迟，如果他随后又不可挽回地错过了机会，那么就得通过加倍的努力补足耽误之事。 由于这只能在有限的程度上进行，他就容易滑入相反的方式，错误地选择与时间不适当的关系。”拖延症危害很多：一是让人精神萎靡，情绪焦虑、恐慌；二是怀疑自己，总是不能按时完成某项工作，会给内心造成影响，变得不自信，否定、贬低自己，怀疑自己的人生；三是导致许多其他应该做的事情无法完成。

（三）忍耐力。

忍耐，也可称耐心，是一种品质，一种美德，一种能力。“这种耐心完全不同于纯粹的无动于衷，也不同于事不关己的冷眼旁观。 耐心意味着更多地留意儿童的发展，在他们发育成熟之前绝不揠苗助长。 教育者必须有耐心，可以这么说，他必须按部就班，而不要对儿童的发展匆忙行事，但是也不要错失良机。 这种耐心自然要求有高度的自制力。 有耐心的人必然懂得放弃他自身的意愿，使发展顺其自然。”

教育是一种等待。 张文亮在《牵一只蜗牛去散步》里写道：“上帝给我一个任务，叫我牵一只蜗牛去散步。 我不能走太快，蜗牛已经尽力爬了，为何每次总是那么一点点？ 我催它，我唬它，我责备它，蜗牛用抱歉的眼光看着我仿佛说人家已经尽力了嘛！ 我拉它，我扯它，甚至想踢它，蜗牛受了伤，它流着汗，喘着气，往前爬……”

教育是慢的艺术。 张文质老师曾感慨道：**“我们行走在教育的路途，有时**

深感无力和茫然。看上去很简单的一个问题，你就是无法让这个孩子明白；明明说得很清楚的要求他就是记不住；今天犯的错误明天照样再犯。经常，我们要等待一个儿童的成长：他智慧的觉醒，力量的增强，某种人生信念与价值的确定；他需要你对他这个具体的人给予帮助，即温情的理解，真挚的同情，诚意的鼓励，恰当的提醒。也许教师最重要的品质，就是耐心、敏感、克制、清醒的边界意识，同时要有乐观的态度，积极恰当的行动能力。”

教育中的许多失败，与老师缺乏忍耐有关。有些学生由于不太聪明或缺少练习，因而没有能按时完成他们的作业；有些学生没有取得预期的进步；有些尽管有改正错误的良好意愿但仍然旧病复发，这时教育者往往不耐烦。教育者如果发脾气就会葬送一切，他的努力也就会付之东流。

忍耐是一种能力，如何才能培养这种能力？一是能洞悉生命成长和事物发展的内在规律，这样才能学会顺应节奏、节律；二是对世界根本的信任感，“能克服各种干扰和失望情绪，并相信自己的事业定能成功”，“他感到自己对世界和生活具有坚不可摧的信任感，并把自己的一切行为都纳入这种信任感之中去”。只有如此，教育者才能“放弃那些擅自超前的做法而与那些应按自身规律发展的事物保持步调一致”。

《种树郭橐驼传》中就形象地描写了缺乏忍耐力的表现：“爱之太恩，忧之太勤，旦视而暮抚，已去而复顾，甚者爪其肤以验其生枯，摇其本以观其疏密，而木之性日以离矣。虽曰爱之，其实害之；虽曰忧之，其实仇之。”我们常说“相信种子，相信岁月”，也包含了忍耐的含义。

四、时间的各种形式

以人类学的角度来考察，时间并不是一种持续流动着的时间流，其内部有特殊的结构，这种结构不是由人所赋予的，而是事物在发展过程中自己形成的，比如庄稼的生长期，季节的变换，昼夜的更替，等等。这样，时间始终是某个特殊事物的时间，事物的特定时刻，对人的活动就提出了特定的要求。

要把握时间的节律。“成人的生活也是这样划分的：工作时间，吃饭时间，自由时间，睡觉时间，等等。所有时间都是以某种规定的方式用于某事物的。人必须学习以正确的方式适应这种节律，并满足出于这种节律的种种要求。”怀特海提出的教育节奏论，即“浪漫—精确—综合”三阶段循环，就是一种智力发展节奏，教育者需要以正确的方式适应这种节奏。在浪漫阶段，注重兴趣、好奇、丰富；在精确阶段，探究原理、规律；在综合阶段，摆脱知识的细节运用原理，在更高层次上复归浪漫。一堂课也是有节律、有起伏而不是均匀分配的，这取决于老师的洞察力。

（一）专注时间

能长时间保持专注，是学习力的显著特征之一。对于大多数人而言，做到这一点是不容易的，在媒介多样、信息发达的今天，**我们随时随刻都面对来自电视、手机以及网络中繁芜信息的侵扰，这种不断的刺激有可能会让人逐渐上瘾，不停地想追求新事物、新刺激，不停地愉悦自己。**当没有新鲜有趣的事物时，可能就会感到无聊，无法集中注意力。**有了这种习惯，在阅读有难度的文章时，就很难长时间聚精会神琢磨推敲，总想在很短时间内把握要旨。这也是现在为什么网络文学、搞笑段子、心灵鸡汤盛行而经典作品衰落的主要原因之一。**

我最初写文章的时候，登录着微博，写一会儿，就不自觉想浏览一下，看看有什么新内容，导致注意力经常被分散，写作效果非常差。后来，在写文章或有其他重要事情时，就关闭这些即时通信工具，保证专心于事。

学习力超强的人，能连续几小时、几天、几周乃至几年长久地沉浸于一项外人看来艰苦、枯燥的工作上，为之朝思暮想，寝食难安，久而久之，转化为潜意识。当有了这种潜意识时，你可能在做另外的事，但潜意识中还保留着对所关注内容的思索，这时，往往会在风马牛不相及的情境下产生触类旁通的顿悟。

美国象棋大师、太极拳王乔希·维茨金在他的《学习之道》中记述了这样的时刻：

> 记得一个暴风雨的下午，我坐在百慕大悬崖上，看着海浪拍打着岩石。我的目光停留在了涌回大海的潮水中，突然间，数周来一直让我苦思不得其解的象棋难题有了答案。还有一次连续8小时完全沉浸于一个棋局的分析中，这时，我对太极有了突破性的理解，并在当天晚上的课上成功验证了这一点，伟大的文学作品可以激励我在象棋学习中取得进步，在纽约马路上的跳身投篮让我对流动性有了更好的理解，并可将此用于太极中。作为自由潜水者，在水下70英尺屏住呼吸可以让我在世界象棋或武术大赛期间缓解压力。

要保持长久的专注力，必须有意识训练抗干扰能力。人们习惯于在做一项重要且有难度的工作时，有意识选择安静、干扰少的大段时间。许多优秀者在早晨、晚上写作、阅读，主要原因就是这段时间干扰少，有利于专注做事。但常人都生活在现实中，尤其是人到中年，事务繁多，很少有大段清静的时间，这就需要有意识训练抗干扰能力。不论是在嘈杂的大街上、公园里、公共汽车上、地铁里，还是在人来人往的办公室，气味混杂、人声鼎沸的饭馆里，尽力让自己内心平静，凝神静气，不受外界干扰，思考自己关注的内容。久之，你会养成一种终身受益的，在任何时刻、任何地点都能专注做事的习惯和能力。

今天，智能手机、电脑如此普及，资讯如此丰富，沟通如此快捷，科技在给人带来方便高效的同时，也在某种程度上会控制人。除非特殊情况，普通人已经很难长时间专注于一件事情上。因此，时间管理已经成了现代人一种需要迫切学习的能力。现在非常流行的“番茄工作法”，就是为了提高人的工作专注力而提出的一种简单易行的时间管理方法。选择一个待完成的任务，将“番茄时间”设为25分钟，专注工作，中途不允许做任何与该任务无关的事，直到“番茄时钟”响起，然后在纸上画一个X，短暂休息一下（5分钟就行），每4个“番茄时段”多休息一会儿。长期坚持训练，就会提升人的集中力和注意力，巩固达成目标的决心，形成良好的自我控制能力和习惯。

（二）休闲时间

人幸福指数的高低取决于休闲时间在生活中所占的比例。一个主要为生存而上下求索、四处奔波的人是没有多少幸福可言的；生活基本被工作塞满的人，也很难说有较高的幸福指数。许多教师之所以产生职业倦怠，主要原因在于：缺乏真正的休闲，工作没有意义感，生命之树缺乏滋养，从而慢慢干枯，本应是生机勃勃的教育工作变成了日复一日机械、枯燥的漫长劳役。

闲暇产生智慧。在原始社会，原始人大部分时间为求生存而奔波劳作，除了睡眠等休息，生活基本没有闲暇时间。到了奴隶社会，社会出现了阶级分化，奴隶生活的主要内容就是劳动，而奴隶主由于脱离了生产劳动，所以有大量的闲暇时间。在那时候，劳动是奴隶的职业，而休闲是贵族的特权。在闲暇时间，一部分贵族的生活是玩耍——喝酒、打猎、赏景等；而一少部分人则开始在艺术和科学上有所作为——书法、绘画、音乐、历法等。亚里士多德说：“艺术和科学既不以世人的快乐为目的，也并非生活所需，他们最先出现于人们有闲暇的地方。数学之所以最先出现在埃及，就因为那里的僧侣阶级有闲暇。”

休闲时间是需要自己创造的。没有紧张的劳作时间，也无所谓自由的休闲时间。英国小说家杰罗姆·K. 杰罗姆说：“只有在你工作堆积如山时，你才可能享受闲暇。当你无事可做时，空闲就变得一点儿也不有趣，因为空闲就是你的工作，而且是最耗人的工作。”

从某种程度上说，休闲才是生活的主要目的，休闲就是享受生活，就是做那些对自己有意义的事情。 休闲绝不是无所事事，而恰是有所创造。 虽然工作也能进行创造，但休闲是自由创造。 正因为人从繁重的劳作中摆脱出来，有了休闲，才能仰望星空，朝向自由，走得更远!

工作的最高境界就是化为休闲。 工作是不是成为休闲，可以从两个方面进行检测：

1.如果你不以此来谋生，是不是还乐意主动去做? 如果你对此乐此不疲，那么这项工作就成为你的休闲了。

2.工作时间和休息时间是否有界限。 如果做一件事时你时刻惦记着下班和放假，那么你做的就是工作；如果在你的生活中，工作日与休闲时间已经几乎没有界限，那么你的工作基本就是休闲了。

从这个角度讲，要想免除工作的劳役而终生生活在休闲中，有两种选择：一是以自己的兴趣爱好为职业；二是真正爱上你的工作，为之牵肠挂肚、魂牵梦绕。

（三）暗时间

这是刘未鹏在《暗时间》一书中提出的概念。“暗时间”简单地说就是思维的时间，也就是没有产生直接成果的时间。 一个人走路、买菜、洗脸洗手、坐公车、逛街、出游、吃饭、睡觉，所有这些时间都可以成为“暗时间”，你可以充分利用这些时间进行思考，反刍和消化平时看的、读的东西，让你的认识能够脱离照本宣科的层面。 每个人的手表都走得一样快，但每个人的生命却不是一样长。 衡量一个人生活了多少年，应该用思维时间来计算。 举一个极端的例子，如果一个人从生下来开始就待在一个为他特殊建造的无菌保护室里，没有社会交往，没有知识获取，度过了18年，你会不会认为他成年了? 善于利用思维时间的人，可以无形中比别人多利用时间，从实际意义上能比别人多活很多年。

生活中要警惕那些侵袭“暗时间”的习惯或细节。 如分心或发呆，看手机微信、QQ、网页成瘾，做事缺乏规划、过度聊天等。

要充分利用“暗时间”需要从三个方面进行锻炼：一是迅速进入状态，如迅速进入写作、阅读状态等。二是长期保持专注状态，这也是高效学习的一个最重要习惯。三是具备超强的抗干扰能力，经常利用等人、候车、等电梯等各种碎片时间进行阅读和思考，对迅速集中注意力和保持注意力都非常有帮助。

（四）“高峰体验”

美国的心理学家马斯洛在调查一批有相当成就的人士时，发现他们常常提到生命中曾有过的一种特殊经历，“感受到一种发自心灵深处的战栗、欣快、满足、超然的情绪体验”，这种兴奋与欢愉的感觉，犹如站在高山之颠，虽然短暂，但却可能尤其深刻，那种感觉是语言无法表达的，心理学家称之为“高峰体验”。

如果一个晚上仅仅是漫无目的地在网上闲看，那么这段时间将慢慢消失在记忆中而成为一段空白的体验。如果是在“高人”的引领下，解读、感悟到了苏轼诗歌的魅力之处，并进而体悟到了诗歌里蕴含的活泼的心灵，产生兴发感动，超脱于烦琐、庸常的尘世，感到世界的光明、温暖，增强自己面对当下的信心和希望，那么这段“高峰体验”时刻就对你有非同寻常的意义了。沉浸在音乐、舞蹈、绘画等艺术中，专注于创作和创造中，陶醉在恋爱中，因体验之深、感受之真，皆为生命中的“高峰体验”，这些时间会成为生命中“凝固的波涛”而历久弥新。

生命的质量不仅取决于其长度，还取决于生命体验的深度与广度。从马斯洛动机心理学分析，“高峰体验”接近自我实现状态，虽然人不可能长期处于“高峰体验”状态，但可以不断创造“高峰体验”的时刻，可能是短暂的，但突发的、奇妙惊喜的、敬畏的情绪体验会深深影响人的成长。

（五）压缩时间

时间也是可以压缩的。压缩时间就是聚集能量，逼出存在的全部力量，挑战极限。

有时候为了完成一项重要且有难度的任务，需要你在短时间内调动全部能量，高密度、高强度、高品质地完成它，这就是对时间的压缩。而如果在平常状态下，这可能需要花费很长时间才能完成。前几年，我在海南工作时，听完实习支教大学生的课后，思维活跃，为了及时记下课堂感受，常常心无旁骛地伏案连续工作四五个小时，写出五千字左右的听课心得。这种在较长时间内专注的品质其实来自刻苦的训练，如果习惯于在短时间内调动全部力量攻克一件事，那么工作的品质和效率将大大提升。很多工作品质低的人不是压缩时间而是拉长时间，如果无法做到长时间地专注于一件事，就会形成浮躁、拖沓的习惯，生命也处于疲软的状态。

五、把“过去”吸收到“现在”

生命是一种连续不断的川流，是由一系列不可重复的状态组成。“过去”是生命赖以存在的主要基础，每一个“现在”都包含“过去”。

从消极的意义来看，“过去”有可能成为负担。在个人层面上，对“过去”的过度悔恨会破坏实实在在的今天，比如祥林嫂；从大的层面，也曾发生有的集体或国家要为过去的屈辱报仇而不惜牺牲当前这一代人的幸福。而最常见的是“过去”演变为某种无意识的情结（时间罐头），潜在地影响着生命的发展。

从积极的意义来看，人可以通过把“过去”经过解释、改造而化为滋养生命的营养。“过去是生命的一部分，是与生命本身一起发展的”，不论是一个国家、团队，还是个人，都是通过不断梳理“我从哪里来”而更加明白“我是谁”，“我将到哪儿去”。 反过来，一个人从过去当中选择什么，是由他选择什么样的将来决定的，一个人只有向前投射他自己时，才能理解自己。 如果想努力成为一个教育专家，就会把过去的求学、教育经历当作案例来理解；如果你是一个对教育工作倦怠的老师，那么过去的经历只会是一个个痛苦的折磨。

生命的本质是不断创造，不断保持自由的活力，这就决定了对“过去”的解释永远是开放的，“每一部伟大的历史性作品，比如每一部伟大的诗作，其内涵是无穷的，因为现在的解释工作会显示其中新的方面，能不断地扩大其意义。 因此，对过去的研究始终会为现在产生新的力量。 从这一点来说，过去不仅仅是人必须‘克服’的负担，同时也是目前的生命赖以存在的主要基础”。 比如，中国传统文化深刻地影响着中华民族的思维方式、民族心理、审美情趣和行为习惯，成了华夏儿女共同的精神家园。 近代以来，新文化运动引发了全盘西化的思潮，在此背景下，熊十力、梁漱溟、马一浮、钱穆等一批新儒家学者通过重新诠释儒家经典，激活、弘扬了儒家文化的永恒价值。

一次创造就是一次遮蔽，绽放之后紧接着就是凋谢。 无论是沉淀在记忆中的“过去”，还是历史、文学作品或艺术作品中的“过去”，都是在与当下的对话中、不断的解释中获得意义。 伟大的作品需要在不同的场景中予以重新阐释，方显示其活力与生机，方能不断滋养生命。 今天中国的教育，一方面各种流派、概念、口号纷纭迭出；另一方面，应试教育依然顽固。 面对此种困境，我之所以重新走进《教育的目的》《教育人类学》这些经典著作，就是旨在重新解释并唤醒其生机与活力，指引当下的教育迷津。

从现实教育来说，一个孩子，一个班级，都需要通过对“过去”不断地梳理，有选择地遗忘一些东西，重申一些东西，然后才能更好地发展。

南明网络师范学院要求申请加入者，必须撰写提交一篇《个人阅读史》。撰写《个人阅读史》，也是对“过去”的一种重新阐释。 人的生命是一个长长的故事，阅读史是这个故事非常重要的组成部分。正是这些故事使你成为你，而对这些故事的梳理和解读，是一次自我反思的机会。通过梳理自己的阅读史，你能更好地明白“我是谁”，理解自己的生命特质，也更明确自己的专业发展方向。撰写阅读史将成为进一步发展自我，形成新我的起点。要想写好这样一篇阅读史，就不能简单地写成流水账或书目的堆积，而是要回顾书籍与自己生命相互编织的历史。因为不同的书对于阅读者有不同的意义，要将那些深刻影响自己的书写入阅读史，并写出对自己的影响。

六、活在未来

人没有过去就没有现在，没有未来也就没有当下。因为人是一种历史性或时间性的存在。

（一）对未来要有规划、计划。

“人是创造未来的生命体。人处于目前时刻，但总是超越目前时刻而注意到应当或可能发生些什么。在等待和忧虑、希望和祝愿、计划和设计中，突破现在，关心未来。与过去不同，未来还是不确定的，在很大程度上取决于人本身的行为。”未来既不是命中注定的，也不是必然的，而是不确定的。明天发生的事自然会有它自己的原因，但诸多原因中，有一个重要的原因，那就是人有效的行动决心，当它被人付诸实践时，就会对现实产生影响。人能做的不仅仅是“阅读”已经写好的未来，更是会参与到“书写”未来的过程中。所以，人不仅要活在当下，还要活在未来。

活在未来，就是指人要有愿景、梦想，规划未来抵达的目标；活在未来，就是要设定“自我镜像”，设定“未来的我”，设定一个自己要成为的人。然后以这个愿景来决定当下的取舍，指导当下的行动。如果五年后想成为一个课堂教学专家，那么就要以其为标准对当下的生活进行规划——读怎样的书，交怎样的朋友，乃至生活的安排、时间的规划等。其实，活在未来，还是强调活在当下，保持生命的活力与创造感、方向感。

（二）建立“真实的希望”。

规划总是有局限的，因为人不可能完全准确预料未来的一切。我们总是希望今天如此，明天也会如此，生活将照常进行下去。然而，事实上迟早会有意外事件发生，打断我们业已习惯的生活，总有一天我们的“人生列车”会突然翻出轨道。天有不测风云——不测风云乃天之本性，人有旦夕祸福——旦夕祸福是无所不包的人生中应有之义。

面对未来的不确定性，人要学习带着不安生活。而恰是在这种“不安”中，建立了坚不可摧的“真实的希望”。

希望有三重境界，“真实的希望”是希望的第三境界。第一境界，人没有任何希望，无目的、无方向、无规划地生活。第二境界，人开始建立对明天的规划，描述清晰的目标，人有了希望，有了安全感。第三境界，当遭遇未知因素，规划、计划被迫中止，生命遭遇沉重的危机，安全感破灭，看到一切的虚幻性时，人在内心深处燃起“绝对的希望”。

这种“真实的希望”不是自动得到，而是需要努力学习才能获得的。“这最后的基本希望至少并不是与自己的愿望和期待有关，也根本不与种种将要发生的事物的特定想象有关。更确切地说，它只由经历了沉重的生命危机之后学会了放弃其固有愿望而把自己完全寄托于无法预测的未来的人所产生。”“只有当他放弃对安全保护的种种努力，并把自己完全托付给这一无法再在鲜明的表象中捉摸得到的生活基础时，希望才会成功。”

由此可以看到，获得“真实的希望”有三个条件：1.遭遇沉重的生命危机。2.放弃固有的希望，摆脱特定想象。3.把自己完全寄托于无法预测的未来。

“真实的希望”也叫“绝对的信任”。看透这个世界，依然爱它，就是绝对的信任。这一点对教育的启发极大，我们在下一章会详细分析。

（三）书写生命叙事。

南明网络师范学院要求学员每年撰写“年度生命叙事”。生命叙事这个概念的提出，就融合了人类学对“未来”和“过去”新内涵的理解。如果把生命看作书写一个故事（叙事），那么人应该有省察地书写自己的生命故事，“生命叙事就是指生命个体运用自己独特的叙事方式，书写自己在教育生活中的生命在场、自我成长、意义呈现，并对其进行爬梳观照和省察言说的过程”①。

人应该做自己的导演，应该参与到书写自己生命故事的过程中，而不仅仅是被动地受处境、意外的控制。这就意味着人要对自己的生命勾勒一个可以不断修订完善的“剧本”，对当下和未来有所运筹与规划，为明天描绘一个令人向往的梦想或愿景。这个“剧本”一般以年为单位，以四季为章节。有了梦想，有了值得前往的方向，那么就勇敢地投入一场生活的冒险吧。所谓冒险，其实就是在自己规划好未来的同时，学会与意外做斗争。

年末撰写生命叙事，用干国祥老师的话来说，就是“把三百六十五天的左冲右突的痕迹，勾勒出来，看它成为一个什么模样。年度叙事意味着一种运思，它可以把已经经过的岁月，思作一个模样——这一岁月之后的运思，超越了真实与非真实这类狭隘的区分，事实上，它是把真实的岁月以一种诗化的方式、小说化的方式，重新进行勾勒、讲述”。

撰写生命叙事，重新遭遇一年中用脑和脚在行走的自己，凸显生命中那些真正的自我呈现和意义彰显的时刻。魏智渊老师说：“虽然历史不能修改，但是通过年度叙事回顾这一年‘书写’中的精彩之处和败笔，对自身、对生命将获得一种越来越深的理解，并越来越从被束缚的混沌走向积极的自由。”

---

① 朱永新:《新教育年度主报告》,武汉:湖北教育出版社,2014 年,第 115 页。

一切都是最好的安排

——2016年度生命叙事

我想，再过若干年，回顾2016年，就像今天回顾十年前的2006年一样（那一年，某种程度上标志着我职业生涯“浪漫阶段”的结束），一个重要的事件是——为期六年的实习支教带队工作画上句号了。只不过，今天的结束，究竟意味着什么，还有待在未来岁月中慢慢显现、证实。

一

记得前几年刚调到忻州师范学院时，一位朋友在听了我的工作经历后，惋惜地说，“可惜绕了点弯路”。从某个角度而言，可能如此，但重要的是当下的选择，很多时候弯路也能走直，直路也能走弯。而从人的一生来说，无所谓弯路、直路，一切皆虚幻，一切都是最好的安排。

在秀容中学的六年，我在领导和同事们的信任、宽容下，一路向上，意气风发。与许多刚毕业就分配到偏远乡村学校的年轻人相比，没有进城的急迫，没有闲散的浪费；与刚毕业就分配到城里优质学校的年轻人相比，没有论资排辈的逼仄与压力，没有“侯门如海”的矛盾与纠葛。弥足珍贵的是，在涉世之初保持了与大学校园生活一致的丰富、充沛与不含杂质的纯粹。事实如何并不重要，重要的是“事实”对自我认识的影响。那段丰富又纯粹的时光刻写了青春早期的自我镜像，为后期的探索与“冒险”提供了勇气与信心，以至于在那些“寒冷的冬季”里，生命的种子没有沉寂、腐烂。

从六年前只身“漂洋过海”到海南，到三年前再次重返原平，一切都是最好的安排。

使人成长的不是时间，而是岁月。实习支教的六年是将时间锤炼为岁月的六年。六年中，有幸遇到了诸多领域的高人，而更难得的是，高人成了“贵人”“重要他人”。这在我的一篇文章《谁是你的重要他人》中有部分描述，另一些还不是书写的时候。正因有贵人的相助，高人的引领，友人的相助，才使自己在岁月流沙、地域变迁、人事更替中，始终坚守了一个主题——成长。这种成长是全方位的：教师专业发展、职业修炼、团队管理、人际交往……

六年来，我带过的大学生近三千名，在实习支教点最多、生炉子最多、防止煤气中毒安全压力最大的情况下，没有出现过一例安全事故，没有给领导“添乱”，没有让领导烦心。当然，这些离不开学院、地方诸多领导、战友，特别是校长们的齐心努力，也离不开一点点运气。

六年来，除去两段时间属于适应期而未出《简报》，在五指山每周一期、在原平每半月一期的《简报》从未间断。五指山两年出了41期，原平三年半出了54期，共计35万字。

六年来，团队共读从始到终没有中断。共读内容涉及哲学、教育学、心理学、管理学等领域：《非理性的人》《苏菲的世界》《动机与人格》《新教育年度主报告》《给教师的建议》《教育的目的》《批判性思维》《卓越人物的七个优秀习惯》《卓有成效的管理者》……

六年来，做了20多场大型的实习支教培训讲座；举办了近百次岗中教学听评课活动；完整听大学生的课近300节，听课记录陆续整理了几万字；深度研讨了小学六册语文课本中大部分重要文章；围绕实习支教写了30多万字的文章……

六年来，收获了深厚的友情，不论是在海南，还是在原平，诸多兄长因工作结缘而成为一生好友，真诚相待、备加关照、默默支持；在原平三年多来，老董、老张、瑞哥、小白、小马、国栋等一批批战友一起共读，一起下乡，一起听课、唱歌、郊游……成为彼此生命中的“重要他人”。

如何看待这些岁月中的痕迹？ 故作谦虚、妄自菲薄是一种虚伪，以为了不起而夸耀则是一种狂妄。 只是想，在未来白发苍苍之年回顾黄金年龄这些痕迹时，一定还会说：不后悔，无遗憾。

还有比这更重要的意义吗？

二

春种一粒粟，秋收万颗子。

机缘巧合，因 2009 年栽下新教育和实习支教的两粒“种子”，2016 年也就仿佛成了收获的时节。

2016 年，在朱永新老师的支持下，我的第一本书《给青年教师的四十封信》由湖北教育出版社出版，朱老师亲自撰写了序言。 10 月面市后，陆续收到亲朋好友和读者的好评，学院领导也给予了很高评价和肯定，此书被湖北教育出版社评为 2016 年度“十佳图书”之一。 这本书中大部分文章是因工作而给实习支教大学生写的信，还有一少部分是“网师班会”。 因为是为了解决实际问题而写，是在网师学习最投入、思维最活跃的几年中而写，所以虽然逻辑性不强，系统性也不够完善，但文字中能散发出一种刚健的生命力，这也许是本书受肯定的主要原因之一。 虽然如此，我深知书籍内容还比较浅薄，如果因此就得意自满，那就更是无知了。 期望在未来的岁月能开出更美的“花”，写出质量更高的文字。

2016 年，在大象出版社梁金蓝老师的热情相约和鼓励下，我将过去主持的“教育的目的”“教育人类学”“儿童的人格教育”三门课的讲义进行了整理结集，希望 2018 年能够出版面市。

9 月和 12 月，受民进中央和中国陶行知研究会农村教育实验专委会邀请，我在安徽芜湖和江西弋阳做了大会发言，分别讲述了在海南五指山带领大学生实习支教和在原平大牛店联校组织教师读书促进教师专业发展的故事，均得到好评。(在安徽芜湖的发言稿被《中国教师》杂志发表)

跳出长期生活的晋北和熟悉的实习支教领域，到江南水乡和陌生的知识领域，领略异样的风光，倾听他人的故事，于生活是一种丰富，于头脑是一场“风暴”，而且为理解当下的工作提供了新的视角。

在民进中央“2016 中国教师发展论坛”上，我还只是中规中矩地念发言稿，没有制作课件；而在中国陶行知研究会农村教育实验专委会上的发言，我不仅制作了精美的课件，而且流畅地脱稿“讲故事”。 公开演说不是我的长项，能站在如此高级别的论坛上，面对国内知名教育专家和全国各地的校长、学者做演讲，过程本身就是一笔宝贵的精神财富。 发言受到好评，发言稿被《中国教师报》发表。

回顾 2016 年，如果选择关键词的话，“读书会”肯定是其中之一。 1 月初在原平的“时光读书会”做了《哲学与人生》的讲座，颇受赞誉。 实习支教队的“相约星期五”共读，虽然时间上不如过去那样规律，但从未中断，前半年共读了《卓有成效的管理者》，后半年共读了魏智渊老师的几篇文章和《批判性思维》一书。 令自己满意的是，这一年分别在大牛店联校组织了教师读书会，在数学系组织了“海拔五千”读书会。 组织乡村教师与数学系学生进行共读，对我是一种全新的尝试和挑战。 虽然两个读书会进行的时间并不长，但效果已经显现，且超过预期，其意义远不止于读书会本身。

然而我也知道，如果不能守住初心，不能保持品质，不能耐得住寂寞，不能促进实践，读书会很容易异化，异化为一种装饰，一种交际，一种消遣，一种浪费。这样的情况并不鲜见。

这一年，在新教育网络师范学院和南明网络师范学院同时主持了阿德勒“儿童人格教育”课程。之所以主持，主要源于想学习，通过“教”达到学的目的，同时也是感恩与回报，甚至是一种责任。一年来阅读数十本书，基本上没有一天不阅读，但回头来看，在脑海留下的很少，大部分书仿佛没有读过一样（这当然是一种错觉），也就对《儿童人格教育》这本书最为深刻。

书不在于读得多，而关键在于是否提升了理解力。这几年来，最深刻的领悟就是——**拒绝悦读，提倡啃读；拒绝畅销书，亲近经典书。**所以我偶尔会对亲近的朋友、战友说：要耐得住寂寞，选中一口井，深挖出水来，而不是到处掘坑，但都是浅尝辄止。能听懂并真正做到的并不多，这在“情理之中”。何况，懂与不懂，又何妨？

这一年，收获不少，甚至看上去“收成不错”，但我深知没有多少是值得自豪的，因为这些“果实”都是过去“种下”的，还是在吃“老本”。关键是，今天为明天种下多少“种子”？未来能收割什么？

这一年一个亲人又离去了，那么年轻，眼睁睁看着病魔一天天侵蚀，直至吞噬掉最后一个健康的细胞。再一次警醒，人生虚无，生命何其偶然、脆弱，健康是多么重要。今年体检后，遵照医嘱，酒也基本戒掉了，晚饭少吃，尽量迈开步“建设新中国”，坚持得还不好，但重要的是提上“议事日程”了。

这一年，为了彻底康复，爱人做了一个小手术，已经逐渐痊愈。孩子们都上了理想的学校，学习成绩也在慢慢提升，重要的是保持了信心与勇气，须加强的是习惯于坚持。父母年事已高，身体虽然不是完全康健，但欣慰的是还没有什么大的问题。

三

一切都是最好的安排。

春节的钟声即将敲响。乡村没有雾霾，天空清澈而高远，闲云缥缈，远处不时传来阵阵鞭炮声，空气中弥漫着煎丸子、卤肉的味道。大街上干干净净的，偶尔走过几个穿着时尚、回家过年的年轻人。白的是墙，红的是瓦，家家大门上已经挂起了红红的灯笼和对联。在楼房里待惯的孩子，像从笼子里放出来的鸟，在院子里挥舞着木棍，一会儿爬上玉米堆，一会儿堆个雪人，一会儿放个鞭炮……

上午打扫了院子，贴了春联，调好了饺子馅儿。手机中的微信、短信祝福不时响起。年来了！在猴年农历的最后一天，敲下这些文字，算是画上一个句号，也是为来年祈福。

一年后的今天，又会书写下什么文字呢？

我期待！

第四章　气氛与信任

教育的成功与否往往取决于生活环境中一定的内部气氛和教育者与受教育者之间的情感态度。学生只有在幸福、无忧无虑和不为恐惧担忧的心境中，才能愉快发展。老师要了解、探究儿童的期望，不断使儿童品尝到成功的味道，感受到自我的突破，体验到收获的快乐，从而激发、保持其对未知事物的兴趣和探索精神。『存在的信任』，是对生命本身无条件、绝对、无限的信任，老师对学生的这种信任会产生奇迹般的效果，对学生的成长有决定性的影响。

教育气氛是教育成功的决定性因素

博尔诺夫说："教育的成功与否往往取决于生活环境中一定的内部气氛和教育者与受教育者一定的情感态度。我只是一般地称之为教育气氛，并把它理解为情感、情绪状态及对教育抱有好感或厌恶等关系的总和。"

把教育气氛理解为教育成功的决定性因素，这有悖于我们的一般理解。我们经常认为教育的成功取决于较高的师资、优质生源、设施设备、一定的学习基础、良好的教学方法、积极的学习动机等。为什么博尔诺夫强调"内部气氛"和"情感态度"？

这是因为博尔诺夫提出的"教育气氛"与我们一般的理解存在差异。我们一般把"气氛"理解为一种外在的给人强烈感觉的景象或情调，故常说"活跃气氛""营造气氛""调动气氛"等，而**这里的"教育气氛"**除了有这层含义，**指的是一种内在的弥漫在空间中的能够影响行为过程的心理因素的总和，**

如果课堂里的师生都有自由、豁亮的感受，那么课堂就会充满着自由、豁亮的气氛。 并不是说硬件、师资、方法等不重要，强调“内部气氛”和“情感态度”也不能和前者割裂开来，无非是从更精微的角度来分析什么是决定性、根本性因素。 这样，我们方能真正认清什么是教育的有利情形，什么是不利情形。

对于教育来说，现代化的硬件设施设备显然不是决定性因素，否则，何以解释西南联大创造的教育高度？ 但现代化的硬件设施有助于提高“内部气氛”和“情感态度”。 师资队伍也不是决定性因素，一流学校的老师也不全是精兵强将，二流学校也有足够优秀的老师。 但优秀的老师会更好地创设良好的“内部气氛”，会建立起良好的师生情感关系。

对“教育气氛”内涵的理解，需要把握几个关键词：安全感、良好情绪、信任。

一、安全感

“幼儿具有安全感的初始状态，气氛纯真而信任。 这一封闭的世界终有一天会被打破，人经过危难，体会到自身的存在非常不安全，并产生孤立无援的失落感。 于是产生了重新建立起自己的生活保障、重新在世界上获得可靠的立足点的需要。”

如何解读这三句话？

（一）在孩子的童年阶段要注重给予安全感。

“在幼儿发展的最初阶段，有益于教育气氛的基本形式，就是他们处在住宅和家庭等受保护的环境中的安全感。 幼儿需要在熟悉的和可信赖的天地中安全地活动，这是一种天性。 这种安全感对于儿童正常的发展是必需的。”

在幼儿早期成长阶段（7 岁以前），母亲是至关重要的人（不是父亲）。

襁褓中的婴儿，吮吸着母亲的乳汁，感受着母亲温暖的怀抱、轻柔的声音、甜蜜的笑容……从而建立起对这个世界的根本信任。三四岁之后，孩子从良好的家庭关系和稳固的“世界”（比如幼儿园）中获得安全感，孩子对爸爸妈妈交流时的神态、声音、动作非常敏感，对周围的变化很敏感，特别喜欢反复听同一本故事书，走同样的路线，玩同样的玩具，因为孩子能从稳定感中获得安全感。如果环境一再变化，不断有陌生人闯入生活中，玩具被其他小朋友拿走，孩子就会因安全感破坏而闹情绪。

进入幼儿园后，孩子发现熟悉的家庭成员变成了陌生的老师、小朋友，自己心爱的玩具不见了，还要遵守集体规则，等等。这一切，都与原来的生活不一样了，于是心理上产生焦虑、恐惧、胆怯和压力，在行为上则表现为哭闹。慢慢地，幼儿园温馨的环境，各种各样有趣的玩具，以及老师和蔼的声音、亲切的话语，会让许多孩子逐渐感觉到：原来老师像妈妈一样教我们本领，给我们讲故事，教我们唱歌、画画，老师像奶奶一样照顾我们的生活，保安叔叔像爸爸一样时刻保护着我们，陌生的小朋友就像哥哥姐姐、弟弟妹妹一样陪我们一起玩游戏等。这样，孩子逐渐把陌生人和自己生活中最重要的人紧密地联系起来，从而放下心里的恐惧和戒备，慢慢对老师产生了感情，和同伴之间有了交流和沟通。一天天下来，幼儿有了自己的好朋友，重新建立了安全感，渐渐地变得更加自信、开朗。

在幼儿阶段，儿歌、童谣、童话、儿童诗是孩子最佳精神营养，为什么不是寓言？ 因为儿歌、童谣、儿童诗浅显易懂、有韵律感、形象，童话则用通俗的语言、拟人的方法，讲述引人入胜的故事，更有意思的是童话不论开始怎样，最后的结局都是完美的，“从此以后，过着幸福的生活”，这样就给孩子心理上暗示一种安全感，有利于激发信心与希望。而寓言（如《自相矛盾》《农夫和蛇》等）往往是通过故事告诉一个道理，让孩子多一些戒备、警惕、认识，这些都不利于幼儿安全感的建立。卢梭就认为寓言会把纯朴的小孩教得复杂了，失去了天真，要不得。

童年阶段是人一生的“浪漫阶段”，是否有安全感，对于人一生的发展有根本性的影响。 有高度安全感的孩子，往往自信、乐观、积极、勇敢，有冒险精神，在未来面对困难时会有乐观的态度和积极的行动；缺乏安全感的孩子，自卑、悲观、消极、懦弱、敏感、多疑、保守，缺乏大胆探索的勇气。

（二）随着成长，安全感被打破。

因为各种“遭遇”“危机”，孩子的安全感会被打破，体会到自身存在的不安全，产生孤立无援的失落感。 成长中的转学、家庭的搬迁、亲人的变故、青春期的困惑、心爱动物的去世等，都会破坏原有的安全感。 从人的一生来说，安全感被打破是正常的、必然的，因为谁都不可能生活在完美世界中，幸福的小船往往说翻就翻；对人精神发育来说，安全感的暂时丧失，也是必须的，人只有在安全感的“失而复得”中，才能获得对人生、对世界更加坚实牢固的安全感和信任感。 当安全感被打破后，就能检验出童年期安全感的重要性。 如果童年期有足够的安全感，会有助于儿童尽快调整自己，建立新的安全感；如果童年期缺乏安全感，儿童将变得懦弱、自卑，丧失重新开始的勇气和胆量。 有许多人正是在生活遭遇到意外的变故，而无法重新找到新的安全感时，失去了人生的方向，或者停止了健康发展。

（三）安全感的重建。

人要重新建立自己的生活保障，重新在世界上获得可靠的立足点。 如果把一开始的安全感比作“浪漫阶段”的话，安全感的打破，就是“精确阶段”，逼迫你用自己的生命开始奋力拓展，当重新得到安全感时，就抵达了综合阶段。 这个综合阶段可能又是下一个循环的开始。 人生就是在这样一个个的循环中螺旋式上升。

最终，真正的安全感，来自内心，来自对自己的绝对信任。 而对自己的绝对信任是在一次次战胜危机的过程中建立起来的，这个话题还会在后文重点分析。

（四）**过严的课堂纪律要求会冲破学生的心理安全防线，过度的批评教育会伤害学生的自尊，过度的教育竞争会损害学生的自信心：这些都会造成学生安全感的缺失。** 很多时候，学生的不安全感来源于老师的无能和恐惧。许多老师很奇怪学生在课堂上为什么不踊跃讨论、回答问题，很多情况下也是缺乏安全感的表现，因为怕回答错问题，所以，成为“沉闷的大多数”就是最安全的。在教室中，要建立学生真正的安全感，是要让师生真正聚焦于知识而不是其他，是围绕在知识的周围，探索、体验知识的美好和发现知识的快乐，是通过一次次成功的体验感受到自我的能力，激发挑战未知的信心。

二、良好情绪

（一）“愉快发展的首要和最高条件是幸福和无忧无虑的、不为恐惧和担忧困扰的基本心境。获得、发展和保护这种愉快心境以及在各种不可避免的障碍后重建它，这是对教育者提出的最高要求。”

如何理解?

1.儿童只有在幸福的、无忧无虑和不为恐惧担忧的心境中，才能得到愉快发展。建立愉悦的氛围与强调纪律不矛盾，恰恰是因为一定的纪律才能保证孩子的幸福感和愉快心境。

2.学生愉悦心境容易缺失、被破坏（因为考试竞争、批评、意外事件、家庭变故、身体原因、师生关系等），让学生保持和重新获得愉悦心境是很难的，因为关系到老师的专业知识，教育学、心理学知识，关系到老师的职业信仰、追求，关系到学生个体的心理抗打击能力，所以说，这是对老师的最高要求。

3.亲其师、信其道。老师要有意识地主动培养和学生的愉悦关系（不是亲密关系）。

（二）博尔诺夫特别重视情绪。他认为“情绪是个别成就得以产生和持续存在的根本基础”。

1.为什么不是贵人（重要他人）、机遇、能力、思维等？

以老师的发展为例。首先，遇到贵人、名师的确是重要的，但在人的成长中，不具备普遍性，因为人能保证自己努力，但不能保证得到领导赏识、名师青睐。相反，如何去认识“名师在自我发展中的作用”，这却会影响到自己的发展。机遇也类似，可遇而不可求，即使认为机遇是可以创造的，但创造机遇的前提之一也是有良好的情绪，如积极进取的精神。

其次，情绪会影响思维。“心晴，天亦晴；心雨，天亦雨。”乐观、愉快的情绪会使人朝气蓬勃，精神振奋，催人奋进，不折不挠，关心所处环境，在行动中体验到快乐。而消极的情绪，忧郁的性格，会让人感觉到生活也变得阴沉，对自己和未来失去信心，负能量十足，行动迟缓，畏首畏尾，消极悲观。

管理自我的一项重要内容就是管理情绪。我们首先必须弄清楚自己的情绪在一天工作的各个时段中有何变化，这些情绪对我们的效率有何影响，弄清楚哪些因素会影响自己的情绪，寻找到调节好情绪的方法。

人有许多共同点，如休息不充足会影响情绪。如果休息不充足，我们在生理上就无法长时间保持积极乐观的情绪。当面对严格的要求和意外的挑战时，就容易情绪低落，常常在一日内数度产生“战斗还是逃避”的想法，而且动不动就会发脾气、不耐烦，整天忧心忡忡，没有安全感。身体患病也会影响情绪，长期受到病痛的折磨，会让人心情低落、沉重、悲观，对生活失去信心。

2.良好的情绪对教育教学至关重要

在教育孩子中，适当的告诫、警醒是必要的，否则孩子会迷失在暂时的轻松和快乐中，但成人如果一味夸大未来人生的艰辛、竞争的残酷，其实是把家

长（教师）自身的恐惧投射到孩子身上，这样会对孩子的情绪带来严重影响，从而忽视了“游戏”的重要性，让孩子失去对学校的兴趣。学校、教室就会成为孩子心中的“地狱”而不是学习的乐园。

如何在教室里创设能引起良好情绪的氛围，这与教师的专业素养有根本的关系。

（1）良好的纪律有助于良好情绪的形成。什么是良好的纪律？班级混乱、松散、冲突，显然不是良好的纪律，这样的班级带来的氛围是冷漠、阴沉、浮躁的；但班级过于严格、整齐划一，也不是良好的纪律，因为在这样的班级里，学生思维容易呆滞僵化，经常处于恐惧和压抑的情绪之中。良好的纪律是指一个班级既要有共同严格遵守的基本底线，生活行为、学习行为训练有素，但每个学生又有充分的自由。**纪律不是自由的障碍，恰恰是对自由的保障。**在有着良好纪律的班级，学生的情绪宁静而安逸、紧张而愉悦。

（2）良好的教室环境有助于良好情绪的形成。理想的教室环境应该是通过师生乃至家长共同精心布置，显现一定的文化意蕴。教室的布置切合孩子的生命成长，比如在班级里摆放一些绿色植物，或者养小金鱼等动物，让孩子们能够随时看见生命的成长。开辟图书角，随时让孩子们能阅读。教室里有专门柜子供师生放置衣服，有饮水机让大家随时喝到纯净水。教室里的色彩也可以丰富多彩，低年级段可以考虑粉红色系，高年级段偏近青蓝色系，等等。把教室墙面当成我们自己的杂志社、电视台、档案馆，用来陈列师生的作品：大家共同生活过的照片和文字，大家从稚嫩到成熟的艺术作品。教室还可以是园艺房、展示厅，大家种植的花草盆景、烧制的泥巴陶艺等，也可以利用教室空间陈列交流。总之，教室里的每一个空间都应该由师生共同创造，或者是一段共同穿越生命旅程的见证。这样的教室会成为孩子们的家园，在这样的教室里，孩子们将会充满舒畅、喜悦、新鲜、骄傲、自信的情绪。

（3）教师的情绪将影响学生的情绪。 如果老师对工作冷漠、缺乏热情，如果老师带着一种虚假的、做作的态度，如果老师对学生缺乏深沉的爱和无条件的信心，那么这种情绪、态度都会潜移默化暗示、传染给学生。

（4）品尝知识的芬芳，创造成功的体验对学生良好情绪的形成有决定性的影响。 从根本上说，只有成功的课堂、让学生感兴趣的课堂才能决定性地培养学生良好的情绪。 在这儿，良好的情绪也可称为学习的兴趣动力、自信、自尊。

那么，怎样才算是成功的课堂、有趣的课？ 是不是实现教学目标的课，方法适宜的课，就是成功的课？ 寓教于乐的课、轻松的课、运用多媒体的课、风趣幽默的课就是有趣的课？ 我们看看教育家苏霍姆林斯基是怎么说的，他说："学生带着一种高涨的、激动的情绪从事学习和思考，对面前展示的真理感到惊奇甚至震惊；学生在学习中意识和感觉到自己的智慧力量，体验到创造的欢乐，为人的智慧和意志的伟大而感到骄傲。"这句话中强调了两个重点：一是对知识魅力的惊异，二是对经努力而获得成功的体验（创造的快乐）。 这两点才是学生获得良好情绪的根源。 学生良好的情绪根本上应该体现为对知识的渴求，对学科的迷恋，对学习的兴趣，而不仅仅是外在表情的兴奋、轻松。 教育专业能力强的老师，就在于能够对每一个学生，哪怕是平庸的学生，"为他打开精神发展的领域，使他能在这个领域里达到顶点，显示自己，宣告大写的'我'的存在，从人的自尊感的泉源中吸取力量，感到自己并不低人一等"（苏霍姆林斯基语）。

干国祥老师曾经总结出了苏霍姆林斯基教育学的一个循环，来说明良好的情绪与学生健康发展的互动关系。"生命在劳动/学习过程中克服困难、获取成功，进而获得高度的自我感受（自信自尊），以及责任感与意志力，和渴望再度通过学习、通过克服劳动/学习中的困难而获得幸福的动机"，"没有从精神生活和智力活动中克服困难、获得成就，就不可能拥有一个人的自尊、自信和对劳动/学习的渴望。 没有一个人的自尊、自信和对劳动/学习的渴望，就不可能从精神生活和智力活动中克服困难、获得成就”。

3.要呵护儿童对“明天性”的心境

“明天性”就是儿童“快乐地向人类美好的、吉祥的未来敞开大门”，就是探索未知事物的兴趣、好奇心。

“哀莫大于心死”，一时的挫折、一事的失败、暂时的落后都不可怕，怕的是对自己丧失信心，对未来失去希望。 一些儿童沉默寡言，成为后进生、问题生，就是因为已经对学校、课堂、老师乃至校园生活丧失了兴趣和好奇心，他们已经丧失了“明天性”。

要呵护儿童的“明天性”，就需要老师像园丁呵护幼芽一样精心呵护儿童，要了解、探究儿童的期望，不断使儿童品尝到成功的味道，感受到自我的突破，体验到收获的快乐。 通过一个又一个成功，建立对自己的根本信任，从而激发、保持其对未知事物的兴趣和探索精神。

“明天性”恰恰强调“生活在当下”，因为当下的快乐与幸福建立起对明天的期待。“不让孩子输在起跑线上”，这句话值得肯定的方面是，引起人们对儿童早期、学前教育的重视，但也需要警惕其带来的负面影响，因为这个观点有可能让孩子的学习建立在对当下的不快乐和未来的恐惧上，从而造成对孩子未来的摧毁。

当然，不管是良好的气氛还是“明天性”，都与一个重要的词语有关系，这个词就是接下来要专门分析的——信任。

无条件信任孩子

“信任”这个词，在本书不同的章节反复提到，是博尔诺夫提到的一个极其重要的概念，也是一个不容易被理解的概念。我们常常把它当作一种必要的态度，而没有理解其根本的价值。干国祥老师曾说：“做孙悟空难，还是做唐僧难？一般人会认为前者更难，因为七十二般变化、火眼金睛、筋斗云等神通修炼在身，这太难；而似乎唐僧只需要一个坚定的信念绝不动摇即可。然你走到深处，方知神通无非一碟碟小菜而已，而信仰与坚定性，却如此稀罕而不可得。谁信念如磐石，整个世界将为他让路。”

博尔诺夫用大量的段落强调“信任”在教育中的重要性。

“信任是这一关系中的必要条件，因为这种信任具有一种使人振奋的和教育人的巨大力量。”信赖能产生创造力。一个人“相信别人能做到的事情自己会真的去做到”。博尔诺夫归纳道：“信赖能够改变人。”这种关系对教育具有无可估量的、怎么强调也不过分的意义。

“我们首先把信任，对他人的信任，对现有集体生活的（主要是机构的）基本规则的信任，对生活的信任等等作为有意义的生活的前提条件。我们先前曾作为教育气氛的必要组成成分而提出的东西，现在作为人类生活全面的前提便有了新的更深刻的含义。人类生活只有基于对世界的这种信任上才是可能的。只有以这种信任为基础，才可能在世界上产生有意义的行为。”

一、信任的内涵

要理解博尔诺夫的这几段话，先要理解他所说的信任，与我们一般意义上理解的信任有何区别。

博尔诺夫说："我这里所指的不仅仅是幼儿在其中成长的一般的信任气氛，而更多的是指尽管存在着某些困难和失望，但教育者对每一个儿童仍一如既往地表现出的那种完全具体的信任。""它是对世界信任的现世的观点，它超越了一切'忧虑'和'失败'，是我们生活的最后基石。它是一种已在预料之中的、只有有意义的计划和行为才能实现的境界。"

"如果我们以后看到人在经历了各种灾难后如何又重新开始建设其家园并建立其体系，那么必然会问：人哪来的这种勇气和理由？他们是否应该宁可放弃这种没有希望的斗争？"

回答只能是："尽管他们经历了种种苦难，但在其心灵深处仍然相信，人的努力是有意义的，人的活动终将在一种全面的存在中被接受。"前面曾引证过的法国哲学家巴切拉德这样问道："如果鸟对世界没有一种本能的信任，它是否会筑巢？"

这是一种"存在的信任"，是对生命本身无条件、绝对、无限的信任，或者可以称信赖、信念。老师如果因为学生成绩优秀就信任，成绩糟糕就不信任，这就是有条件的、相对的、有限的信任。无限信任是指，老师坚信虽然学生可能在某件事上会失败，但生命本身不会失败。所以，**检验老师对学生是否有真正的信任，不是看其对优秀学生如何，不是看其在学生成功时如何，而是看他对后进生如何，当学生令你一再失望时，你是否依然能保持信任？**

这是一种无内容的抽象的信任，而不是对具体事的信任。对具体"事"的信任有可能落空，而对生命本身信任不会失望。比如老师相信学生能学好物理，这就是对具体“事”的信任；坚信生命有各种可能性，就是抽象的信任。

这甚至就是一种信念、信仰，“看透这个世界，但依然爱它”。无限相信种子，即使种子会腐烂在泥土之中。

二、信任的意义

老师对学生的这种信任会产生奇迹般的效果，对学生的成长有决定性的影响。 信任产生信任，怀疑产生怀疑。你对学生有怎样的评价，学生就会向哪个方向发展，“如果教育者把儿童看作是诚实的、可靠的、助人为乐的……那么儿童的这些品质就会得到激发和增强。如果教育者把儿童视为好说谎的、懒惰的、阴险的……儿童就不会抵制这些行为，他们肯定会说谎、偷懒、耍诡计”。

“教育者担负着极大的责任：他必须避免过早地对儿童产生猜疑，因为他的这种看法会阻碍儿童的发展，并可能由于这类猜疑把儿童引入歧途。相反，他必须学会在各种令人失望的情况下仍能建立起对儿童的信任，因为只有在信任的庇护下儿童才能良好地发展。”

永远无条件地信任每一名学生，应该成为老师的绝对律令。

苏霍姆林斯基曾说过：“教师对学生力量的信心表现在哪里呢？我们工作的辩证法告诉我们，教师永远也不会遇到这样的时刻的到来，使他有权利说：由于我尽了自己的努力和操劳，这个学生已经达到极限，从他身上再也得不到更多的东西了。学校教育里的许多失误，其根源正是在于有些人抱有这种思想。请你记住：人的力量和可能性是不可穷尽的。一个学生可能在一整年里都没有把某种东西弄懂弄会，可是终于有那么一天，他懂了，会了。这种‘恍然大悟’（我想把这种现象称为‘思维的觉醒’）的内在的精神力量，是在儿童的意识里逐渐积累起来的，而且我们作为教师，是在用自己的信心帮助它的积累。任何时候都不要灰心失望。学生今天不会的，过三年才能会，那么我在这三年里始终坚信人的力量是不可穷尽的。”

有的老师可能会质疑：为什么我信任学生却没有什么效果？

这里需要具体分析。

如果嘴上说信任，但内心并不信任，只是把信任作为一种手段而企图获得教育效果，这是假信任，假信任不会产生力量。博尔诺夫说：“如果仅仅出于教育上的原因而试图采取一种假信任，即尽管实际上心中有保留看法，但嘴上说信任，这是无济于事的。假信任就是不信任，它不可能取得积极的成果。只有采取完全真诚的态度才会产生效果。”

换个角度来看，信任也是一种自我控制。如果认为说几句“我信任你”就能产生奇迹，这本身就是幼稚可笑的。当内心对学生有绝对信任时，首要发生变化的是老师自己。绝对的信任带来持久、强大的行动力，老师始终在内心不放弃学生，就会想方设法调整方法，寻找时机来进行教育教学，即使学生的确无法达到老师的期望，但老师依然坚信孩子的生命充满潜力，未来有各种可能性。从这个角度讲，信任也是一种期望。这种“不放弃、不抛弃”的信任会通过日常言语、神态、动作、眼神等无形地传递给学生，带给学生力量，激发学生的自尊与自信。有句话说“上帝有没有不重要，信不信他很重要”。信与不信，对行动会产生决定性的影响，因为信，才会竭尽全力、全力以赴，才会坚持不懈，所以从某种程度来说“信则有，不信则无”。

当然，学生由于先天禀赋、性格特质、家庭背景、成长经历、成熟程度等各不相同，总会与老师的期望有落差，但老师“必须学会在各种令人失望的情况下仍能建立起对儿童的信任，因为只有在信任的庇护下儿童才能良好地发展”。这种信念会化为孩子生命发展的养料，为未来的成功、成长奠定基础。

信任本身就是一种冒险，信任并不等于成功、抵达，而且往往还会失败，尤其是在大失所望之后又重新建立起来信任时，更可能会失败。但不能因为存在失败的可能，就放弃信任，因为教育本身是一种冒险，这和老师是否谨慎无关，因为被教育对象是自由的，是不能绝对把握的。教育实际上离不开冒险，没有冒险就没有成就。教育者本身要把这种失败纳入自己的考虑范畴。只有在经历沮丧之后，仍有勇气信任并一如既往地表现出信任，才能真正激发出受教育者内在的更强大的力量。

三、从存在主义哲学角度理解信任

既然信任有如此重要的意义和作用，那么这种信任又来自哪儿呢？一般的理解，信任与老师的爱心有关。一个不热爱教育，不喜欢本职工作，不爱学生的老师，是不可能有信任的。信任也与专业能力有关，魏智渊老师说："无限信任的增强，往往离不开在教师指导下学生的点滴进步甚至不期而遇的飞跃。这种时刻出现得越频繁，教师越容易产生无限信任，这显然非常需要专业理解力和指导力。"老师对学生的信任与老师的自我信任有关，当一个老师感到自己对世界和生活具有坚不可摧的信任感时，就会把自己的一切行为都纳入这种信任感之中去。

这样的理解是正确的，但都没有理解到根本处。

博尔诺夫说，"最终的希望在本质上是抽象的，而当人们认为可以用某些图像描绘这种希望时，它就会立即被歪曲"，"这种希望并不是作为当然的所有物给予人的。人也必须像学习居住一样学习希望"。

信任，是一种抽象的信任，是需要学习的。

我们从存在主义哲学的角度来详细分析。人的生命同时包含了"存在"与"非存在"，"非存在"不是不存在，而是存在的一部分。"存在"是一种肯定的力量，是乐观、延续、创造、生命；"非存在"是否定的力量，是焦虑、停顿、毁灭、死亡。所谓的生存，就是在不断克服“非存在”中肯定“存在”。但克服“非存在”，不是否定“非存在”，而恰恰是正视、勇敢地面对“非存在”，把“非存在”纳入到“存在”中。信任（希望）的根基，就是对“存在”本身的肯定，是对生命的肯定。

只有深刻经历绝望、怀疑、虚无时，才能获得深刻的信任与希望。希望总是伴随着绝望，置之死地而后生，方能获得极大的力量。博尔诺夫说，“人类并不是简单地屈从和企图躲避恐惧和失落感，而是正视它，有意识地去触及它，从精神上坚持到底。当人对一切事物都产生怀疑，遭受失去一切的威胁并且不再拥有他所能依赖的东西的时刻，他就会经受一种奇特的‘情绪突变’：这时他将在自身中找到一种不受外界威胁的最后一个绝对可靠的支柱”。因此，人生就是与“非存在”不断地斗争，在斗争中确认自己的力量，肯定自己的存在。

存在主义深刻地揭示了人生绝望、焦虑、虚无的一面。在“空间”部分，我们知道，房子内的安全是不可能永久的，远方也是未知的；在“时间”部分，我们知道，规划总是有局限性的，未来总是不确定的。超越存在主义，就是要深刻认识到当房子坍塌、家园沦陷时，当计划破产、人生突变时，信任、希望仍然存在。这一信任、希望，就是绝对的信任、绝对的希望。

这种绝对的信任，不是对任何具体对象（个人、集体、上帝、理性）的信任，而是对“存在”本身的信任，是一种无内容的抽象的信任，是对生命本身的信任。因为任何具体的对象都是有限的，都不足以完全肯定生命本身，只要指向具体的对象，就有落空的可能，而不指向具体的对象，就不会落空。就好像我们经常说“走向未来”，其实我们永远走不到未来，因为未来不是一个具体位置，但正因为不是具体位置，所以人生永远有未来，永远充满希望。所以，“存在的信任”是肯定的肯定，是信任的信任，是希望的希望。

当我们怀着对自身生命的信任来生活、生存时，生活就不一样了，我们不知道未来会如何，但就是相信生命一定会“绽放”；生命可能会被“打倒”，但不会被“打败”。当老师怀着对生命的信任去教育时，教育就不一样了，你不知道这个孩子以后能做什么，但是你就是相信他能成才，但成什么才，老师又不知道。老师知道孩子会不断遭遇失败，但生命本身不会失败。

所以，这种信任是需要学习的，许多人将信任仅仅理解为一种可以随时摆设的姿态，就好像照相时那一瞬间的笑容，而忽略了无论是爱还是信任，均需要漫长的学习，必定这种信任是通过日复一日的生活，尤其是在挑战困难，面对“非存在”中逐渐获得并加深的。这种学习中，有纵身一跃的抉择，有不断反省自身的思考，有不间断的实践，并且不能截然分开。

当对学生的生命有存在的信任时，面对一再出问题的学生，老师就不会再像过去那样充满“怨”，而是会有足够的勇气与耐心。

四、耐心

耐心的前提是对学生生命无限的、无条件的、绝对的信任。耐心意味着老师和家长更多地留意儿童的发展，更多地付出；意味着老师有高度的自制力，在他们发育成熟之前，使其按部就班、顺其自然地发展，绝不拔苗助长，不要对儿童的发展匆忙行事，但是也不要错失良机，正如苏霍姆林斯基所说，“今天把种子播种到修整极好的土壤里，却远不是明天就会长出芽的。今天所做的工作，在许多情况下，要经过若干年才能对它做出评价。这是教育工作的非常重要的规律性之一”。干国祥老师说，“教育中最没有比从容不迫更重要的了，从容不迫不是不作为，而是不急不迫，不拔苗助长，不朝令夕改，不把自己的焦虑影响到教室”。

老师，包括家长为什么缺乏耐心？一方面是缺乏专业知识和专业能力；另一方面是缺乏对孩子生命的“信”，不相信种子，不相信岁月，也不相信自

己。所以看到孩子暂时的落后就焦虑，看到其他班优秀就恐慌，看到好学生流失就担忧……

现在的颠倒在于，我们往往在具体事务上盲目信任，但缺乏对孩子生命的根本信任。但是，最紧要的，却并非培育对孩子的根本信任，而是培育对自己生命的根本信任。一个对自己生命缺乏根本信任，缺乏主体意识和生命叙事自觉的老师，很难真正地信任学生。

编织共同生活

——《街头日记》观后感

一

我对于看电影，总不如看书那样积极。

知道今晚有新教育网络师范学院电影院的研讨，但上午还是给学生写了第十九封信《方向比方法重要》，着重谈班级管理，写了一半，未完。

决定看电影《街头日记》，源于网师电影院一则微博：

“《街头日记》再次提醒我们，存在着三种不同的或者说三种层次的写作：作为形式训练的写作（技术），作为情绪表达的写作（优美），以及作为存在显现的写作（崇高）。”

我是冲着写作来看电影的。

但看完电影及讨论记录后，写作反而是次要的，我获得的收获和启示不亚于看一本书。一些词语在头脑中复活：“师生编织共同生活”“纳入自身存在”“作为显现存在的写作”“已立立人，已达达人”。

我想，这部电影不仅会影响到上午未写完的信，而且也会影响到我现实的工作——我和我的学生如何编织共同生活？如何在团队中建立一种愉悦的教育气氛？

二

上午，魏智渊老师针对我近期分析的班级管理，跟我说，要跳出王晓春老师的误区。对此，我有点感觉，但不是很清晰。前几天，干国祥老师针对我发的关于王晓春老师的观点曾进行了评论：全面具体的总不是真实的教育生活、教育场景，而是一种非真实人格的虚拟。真实的教育生活、师生关系，并非由几个板块构成，而是由“遭遇”“觉悟”“驯养”“怀想”构成……

当时自己并没有真正理解这些话的意思，所以也没有转发，但今晚看完电影后，我深深理解了。我原先理解的班级管理，知道仅靠纪律约束不可以，应该有“民主自治”，但这还是属于“管”，虽然提出了“文化引领”的观点，知道通过共读建立师生交流密码，但现在想来，依然是浅薄的。因为这些都还基本属于王晓春老师的科学主义的分析范畴。

今晚，我理解了“师生编织共同生活”“教育气氛”的内涵和作用。在电影中，艾琳和学生构建起自己的“家庭”，就是在编织他们共同的生活。在此编织过程中，师生相互“驯养”“唤醒”，这既是出发点也是终点。

《放牛班的春天》中马修用音乐来编织生活，形成师生间良好的教育气氛；《街头日记》中艾琳用写作来编织生活，营建良好的教育气氛；而魏智渊过去是用《随笔周刊》来编织，他借用一种形式来唤醒学生的生命，而醒悟的生命所迸发出来的力量哪能是简单的、技术性的纪律管理能达到的?

魏智渊老师分析得好：

> 如何拯救一个班级?
>
> 无论是《街头日记》,还是其他卓越的教育电影,都在反复地阐明一个真理:赋予班级以灵魂。无非是有人以写作的方式,有人以音乐的方式。
>
> 但要赋予班级以灵魂,教师自身必须拥有灵魂,然后才有生生不息的相互激荡,以及激荡中对生命意义的不断领悟。必须将一个班级视为一个有灵魂的作品,而不是一份要向上级完成的作业。

分析马修和艾琳的共同点，我认为，如果我在自己的班级无法和学生编织共同生活，那么原因有两个：(1) 专业素养和技术不够，找不到路径，已不立无法立人。(2) 没有真正地爱学生，没有把全部力量投入进去。

所以魏智渊老师说：

> 相互刻写,意味着要花费精力,没有这些付出,凭什么要求学生的信任?
>
> 你的付出,要远远大于你对学生的要求,要求才能起作用。泰戈尔说,只有热爱人的人才能责罚人。

干国祥老师分析，艾琳的专业素养是不高的，但何以能抵达如此高度?我认为和第二个原因有直接的关系，他们都把生命的意义建立在班级中，有一种把全部生命和生活投入到班级中的力量，这种力量很强大。

你有，你也能成功。

三

所有的故事都是一个故事，所有的故事都是自己的故事。只有把电影纳入自身存在，方能化为自己的生命养料。

所以，师生编织共同生活，师生间形成良好的教育气氛，对我的影响首先是，自己如何和我的实习支教大学生编织共同生活。 而且，唯有如此，方能影响到他和他的学生编织共同生活。

纳入自身存在的不仅是电影，也应该包括自己的家人。 为事业而牺牲家庭和婚姻，这不是个例，只不过形式各不相同罢了。 真正的教育不应该建立在悲惨家庭的基础上，幸福的教育也要促进幸福的家庭和婚姻，而不是反之。有一段时间，爱人对自己在新教育网络师范学院的学习不是很理解，我意识到这个问题后，暑期带爱人一起参加了研修学习，一趟罕台行深深影响了爱人。因为她也是老师，所以理解和接纳要容易得多。 这种改变，不仅影响了她对我工作的态度，也促进了她对自己课堂的思考，更重要的是改变了我们培养孩子的思维和路径。 昨天，我给女儿购买了200元的图书，我计划至少投入1万元，为女儿逐步建立她的个人图书室，爱人对买书也是非常赞同。 我不知道，这是不是把爱人也纳入自身存在。 但我想，自身在提升的同时，也应该让爱人一起提升。 提升她的专业素养，使她同样能抵达自己的高峰，体验自信和自尊，从而形成良好的家庭气氛，一起构建、共享家庭的幸福。

四

看到网师电影院QQ群前一个小时的讨论，基本停留在词语的表面。 魏智渊老师和干国祥老师的加入后才有了真正的思考。

干国祥老师的一则发言引起我的注意：“有时候电影会误导人，把本来不是问题，没有问题的，视为有问题，但自己真正的问题，却掩盖起来了。”

那么，我们真正的问题是什么呢？ 情绪是不能解决真正问题的，仅靠爱、激情也是不能长久的。 真正的问题是自己的专业素养能否提升，能否“让自己先真正地站起来，或者呈现出站起来的趋势”（干国祥语），就是能否“己立立人”的问题。

五

不论是教小学生还是教大学生，不论是中国人还是外国人，都是与活生生的人打交道，知识多寡各不同，但本质上都是一样的。

拥有自己的灵魂，提升自己的生命质量，如果你真正热爱教育这项事业，那就把全部生命的意义和价值赋予其中，把学生和学校纳入自己的生命存在，与学生形成良好的教育气氛。

唯此，方能活出自己的“文化人生”，方能体现出儒家的“生生不息”。

第五章　语言与深描

人依赖语言而活，但语言也限制了人。进行对话最大的困难在于不再固执己见，勇于接纳对方的认识，修正自己的观点。深描，就是通过适当的剪裁，生动、鲜活、完整地对事件进行描述，呈现事件的本质，让事件处于无蔽状态，让本质以本来面目呈现。

语言是存在的家园

人区别于动物的一个标志是语言。日常语言，即言语、说话，人可以通过语言表情达意、记载历史、传递信息等。总之，日常语言的主要功能是表达、沟通、记录等，在学校的一般教学中，教授语言的重点是如何表达准确、通顺、得体等。

从人类学分析，语言有着全新的内涵。语言不仅仅是指说话的言语和书写的文字，还包括一切的语法、伦理、逻辑、规定、传统、习俗等。一切价值观都是语言。

“语言从一开始就引导我们进入世界，我们只能像语言为我们描绘的那样去理解周围的以及自己心中的世界。归根结底，人生活中所接触的种种对象，都是由语言作引导的。”魏智渊老师说：“一个孩子一生下来，就降生于语言之中，他必定依此语言而活，他是被语言创造的。我们生活在中国语言环境中，我们也被创造，我们生活在人类语言环境中，我们也被创造。”

我们被语言所创造，我们依赖语言而活，但语言也限制了我们。 魏智渊老师分析道：“语言是有，是命名，是救赎，给出存在；语言也是危险，是存在者对存在的威胁。 一次命名就像一次爱情，你真切爱过一次，才能体会到爱本身的真容，但也同时就沉沦了，因为你爱上了一个人，便断绝了其他的可能性。 如果你盲目崇拜，被这套语言捆绑的话，语言会让你明亮，但又会让你看不到其他的可能性。”

人类学对语言的认识，对教育有很大的启发：

1.在教育学生的过程中，重视语言的塑造作用。 作为家长、老师需思考，我们对生活在家庭、学校、班级中的学生提供怎样的语言。

2.反思自己被怎样的语言塑造，更加清晰地认识自己。

3.警惕语言的遮蔽作用。 常人由于思维的定式和知识的局限，自我的反思往往发现不了真问题。 之所以没有有效的反思，就是很难突破语言（思维观念）的障碍。

一、直观教学

“词语是作为事物的‘影子’，作为不确切的、不肯定的知识而出现的，只是通过言谈传递而自身并不经过检验。 关键在于以对事物的直接观察为基础，从而在观察中取得可靠知识的基础。”

博尔诺夫对这个观念进行了质疑，他认为，儿童在掌握语言之前，就已经在一个用语言进行理解的世界中活动，通过语言而了解的范围总是要比自己观察而了解的范围大得多。 语言学习是第一位的，观察是第二位的。 儿童认识的路径是，语言确定不了的事物，日后将通过观察逐步加以完全解释。 通过观察把由语言先认识的事物进一步加以明确化，以正确的方式引导这一过程并从语言引向明确的认识，这是意义深远的教学论的任务。

这里涉及对直观教学的理解。

直观教学即利用教具作为感官传递物，通过一定的方式、方法向学生展示，达到提高学习的效率或效果的一种教学方式。一般主要指实物直观和模象直观（各种图片、图表、模型、幻灯片、教学电影电视等的观察和演示等）。直观教学通过运用真实事物标本、模型、图片等为载体传递教学信息，进行具体的教学活动，强调教室要布满图画，书本要配有插图。

直观教学的优点是使所学的知识具体化、形象化，为理解和记忆创造条件，有利于激发学生的兴趣，引发学生积极思考。

但为什么博尔诺夫说“只有在极少数例外的情况下，比如教师展示某种学生迄今完全不了解的物体时，才能使用这种方法”呢？他并不是反对或排斥直观教学法，而是提醒我们注意直观教学的一种不足：在采取实物直观或模象直观时，事物的本质属性与非本质属性联系在一起，并且由于受时空与感官特性的限制，人容易注意事物的非本质特征，而忽略其本质特质。这样，**直观教学恰恰造成了认知上的干扰与遮蔽。比如有的语文老师教苏轼诗歌《水调歌头·明月几时有》时，播放了王菲演唱的这首歌，结果学生被外在的音乐吸引，而无法领悟诗歌的内在情感。**

直观教学运用不当，反而会造成学习的干扰。苏霍姆林斯基在《给教师的建议》中写道：

> 培养注意力的唯一手段就是施加作用于思维，而直观性只有根据它刺激思维过程的程度，起着促进注意力的发展和深入的作用。物体的直观形象本身，也可能把学生的注意力吸引住一个相当长的时间，但是运用直观性的目的绝不是为了整节课抓住学生的注意力不放。在课堂上引进直观手段，倒是为了在教学的某一个阶段使儿童摆脱形象，在思维上过渡到概括性的真理和规律性上去。在实践中常常遇到一些出乎预料的情况，就是直观

教具以其某一个细节而束缚住了儿童的注意力,不仅没有帮助反而妨碍了他们去思考教师本来想引导儿童去思考的抽象真理。有一次,我带了一个水轮机的活动模型给儿童看。推动叶轮的那一股水,由于冲击飞溅而形成一片细微的水雾,经阳光一照,就映射出一道彩虹。我没有注意到彩虹,可是孩子们觉察到了。于是,他们的全部注意力都被这种有趣的但在当时完全是偶然的自然现象吸引住了,而没有用到我想引导他们得出的那些概括性的结论上去。这堂课没有取得良好的效果。

本质的直观是指纯粹的、无偏见的、了解事物本来面目的直观，是把存在的真理淋漓尽致、形象简洁地揭示、呈现。 事物的本来面目，是指事物的本质，而不是指事物的外形。 许多直观教学的误区在于，将直观错误地理解为实物展示，结果事物的本质湮没在实用之中。 从这个角度分析，如果要鉴赏虾，放在水盆里的虾不直观，而齐白石画的虾反而是直观的。 为什么？ 放置在水中的虾，因为受水、水盆、虾的游动等干扰，反而妨碍了对虾细微之处的观察，而这些细微之处，恰是其本质。 齐白石画的虾，因为舍弃了非本质的水、水盆等，从而涌现出了虾的“真理”。 反之，如果太写实，就容易遮蔽真理。

再比如数学中新知识的教学，所谓直观，就是“直观”数学知识最初被发现的过程，让学生体验实物中的数量关系或逻辑关系，而如果实物运用不当，反而会妨碍学生的抽象思维。 所以，在教学中，多数情况下，老师要让学生直观的不是实物，而是实物所体现出来的东西。

由此可知，直观教学的作用，就是呈现事物的非同寻常处，或者说，发现习焉不察的熟悉事物的陌生处，进而重新开始思考、探索。

二、对话教育

在这里，对话即谈话。

人际关系中，我们特别重视沟通、交流，但有的时候，沟通的效果并不明显，彼此听不进对方的声音，都在努力表达自己的观点以说服对方。沟通不仅没有起到作用，反而还增加更多的误解、矛盾、纠纷，发生更大的分歧和争执。原因何在？

黑格尔说，“熟知并非真知”。人们每天都在对话，但不等于真正理解对话的真谛。

（一）什么是对话

博尔诺夫首先区分了独白和对话的区别，他说：“我们最好从区分两种我们简称为独白和对话的说话形式出发。前一种情况是，一个人在有关的谈话中说话，而其他人仅作为听者；后一种情况则相反，说话是在双方不断交替中进行的。”

由此可知，独白时，思维路径是单向的，彼此都在努力言说，希望把信息或知识传递给对方，让其明白、理解、接受，而对于对方在说什么，与自己有多少差异，是否合理等，并不一定理会。而对话时的思维是双向的，英国学者戴维·伯姆在《论对话》中分析道，要做到真正的对话，“前提是不带任何偏见、无拘无束地互相倾听，而且不试图对对方施加影响。每个人所关心的唯有真理，因此他可以随时抛弃自己的旧思想与观念；而且在必要的时候，又随时可以接受异己之见。反之，如果只想把自己的想法灌输给别人，或者戴着有色眼镜来看待别人的观点；不管别人说的是否有道理，都固执己见，那么就根本无法进行沟通，因此也就必然会导致上文所指出的那种无法解决的‘沟通问题’”。由此可知，对话追求的是双赢，彼此吸收对方的观念，更新自我的认识，而不是试图去赢取对方，强求别人接受自己的观点。 辩论、说服、游说、讲课、培训乃至日常大多数交流，大多属于独白，而不是对话。

（二）对话的意义

“真理并不包含在单个人的思维中，只包含在有益的共同交谈中。”每个人的思维总是有局限性的，人的思维总是受到遗传、家庭、成长环境、教育经历、处境阅历等方面的影响。 要把握真理，理解事物本质，探究真相，打造一支团队，做成一项事业，乃至日常生活行为，都需要通过对话，不断倾听各方声音，修正原有认识，克服偏见，从而达成共识。“一个人在有关的谈话中说话，而其他人仅作为听者……直线式向前发展的结构思维，即推导和论证思维……只能作出结论并想强加于他人”，是没有创造性的。 所以说，独白没有创造性，而对话才有创造性。 所谓的对话，不仅仅发生在人与人之间，而且发生在人与自然、人与自我之中。 人通过与自然的对话带来了科技的发展，人通过与艺术作品的对话产生了艺术品，人通过与自我对话从而认识自我，改变自我，实现自我。

（三）对话困难的原因

能顺利进行对话在于不固执己见，勇于接纳对方的认识，修正自己的观点。 博尔诺夫说：“说话总是要求有自由参与的勇气和放弃‘理所当然’的自信，为此始终要求在极大程度上克服自我。 但是要做好倾听他人说话的准备并不是件容易的事，因为这要放弃对自己意见的单纯自信并在十分坦诚地承认他人也可能言之有理的情况下进行讨论。 如果缺少这种准备，如果一方强调自己所说的是真理，而另一方还一味地试图‘改变对方的想法’，这就不会有坦诚交谈的基础。”

那么，阻碍对话或者说影响对话质量的因素究竟有哪些呢？

1.观念。 观念是隐形的，犹如大海下的冰山；观点是显性的，犹如从海面突出来的冰山一角。 说出来的话是观点，而观点受大脑中看不见的观念的影响。人都有自己的观念，这些观念或者源于经历，或者是通过老师、朋友、父母、读书，甚至道听途说等途径形成。这些观念植根于内心深处，一旦受到他人的挑战或质疑时，总是会不自觉地去捍卫。比如一个老师把工作当作了事业，当成了实现自我的机会和平台，当作寻找幸福的途径；而另一个老师只把工作当作一份职业，八小时内外严格区分。当两个老师在一起交流下班后再学习、备课的话题时，就容易产生矛盾。对于第一位老师来说，工作不区分八小时内外，他的生活就是工作，工作就是生活，所以很容易接受。而对于第二位老师来说，下班后还要求再工作就是侵权，所以就会激烈反对。

2.不能把观念与自身区分。人往往容易把观念与自身统一，当别人只是质疑你的意见时，就会认为是对“我”本人有质疑，往往就会情绪激动地为自己辩护。记得有一次教研会，集体讨论一位学识渊博的长者的语文课。校长也是语文老师，发言时首先称赞了老教师的几处优点，然后委婉而中肯地指出其“落实不到位”等问题。老教师的脸霎时就红了，在校长发言完毕后，立刻尖锐地回击了校长的言论，为自己辩解，校长也毫不客气地反驳，教研会最终不欢而散。

3.分裂性思维。世界是有机整体的，而人的一般思维过程总是倾向于以分裂的眼光来看待，而不是用整体性和系统性的思维来看待。所以，许多对话仿佛盲人摸象一般，虽然都是片面、错误的，但都固执己见，认为亲自体验到了大象的样子，争论不休。

4.由于语言和理解能力的差异，对话双方往往不能准确理解对方言说的内容，所听到的和对方所表达的不一致，而造成误解。循环往复，许多对话到了最后，发现沟通、交流已经有违初衷，对话焦点已经在彼此的误解中完全改变了。

（四）对话对教育的启发

博尔诺夫说：“教育产生了一个伟大的职责：教育人类进行对话，培养其对话的兴趣和能力。这是教育为拯救受难的人类应做的贡献。人类的命运直接取决于教育能否在这方面取得成功。”但按照他对对话的理解，我们发现校园、课堂中真正的对话是非常缺乏的。

保罗·弗莱雷在《被压迫者教育学》中，就形象地把教师称为“压迫者”，学校教育的方式是灌输：

1.教师教,学生被教;

2.教师无所不知,学生一无所知;

3.教师思考,学生被考虑;

4.教师讲,学生听——温顺地听;

5.教师制定纪律,学生遵守纪律;

6.教师做出选择并将选择强加于学生,学生唯命是从;

7.教师做出行动,学生则幻想通过教师的行动而行动;

8.教师选择学习内容,学生适应学习内容;

9.教师把自己作为学生自由的对立面而建立起来的专业权威与专业知识混为一谈;

10.教师是学习过程的主体,而学生纯粹是客体。①

老师教学的主要方式是讲解。“讲解引导学生机械地记忆所讲解的内容。尤为糟糕的是，讲解把学生变成了‘容器’，变成了可任由教师‘灌输’的‘储存器’。教师越是往容器里装得完全彻底，就越是好教师；学生越是温顺地让自己灌输，就越是好学生。”②

灌输式的教育、讲解式的教学不仅遏制了学生的独立判断能力和创造力，而且也不利于教师专业的发展与提升。教学的本质应该是老师和学生围绕在知识的“篝火”周围，共同感受知识创生之初的战栗与兴奋，共同发掘知识的

① 保罗·弗莱雷:《被压迫者教育学》,华东师范大学出版社,2014年,第36—37页。
② 保罗·弗莱雷:《被压迫者教育学》,华东师范大学出版社,2014年,第35页。

魅力。应该开展启发式、探究式、讨论式、参与式的教学，克服“满堂灌”的倾向，让学生像科学家那样去发现、去思考、去探索，最终达到对所学知识的深刻理解、熟练掌握和自主运用。课堂上要营造民主、宽松、平等的氛围，让学生敢于自由发言，能真实、坦诚对话。老师要认真倾听学生的发言，警惕自己的专断思维。在这样的课堂上，教师不仅仅是“传道授业解惑”者，教师在与学生的对话中，获得启发；学生在被教的同时反过来也在启发教师，师生合作、共同成长。

对话是需要勇气的。学校要培养学生对话的能力，就是培养学生“坦诚说话的勇气以及准备倾听他人意见并承认双方原则上平等的勇气”。从根本上说，困难的不是改变学生，而是改变老师的认识和习惯。老师不论是在与学生的日常交往中，还是在课堂教学中，要以身作则，要放弃一切专制的要求，要做好学生提出不同意见，甚至怀疑自己的心理准备。

对话不单是一个认识问题，而且也是需要勇气的。而这个勇气，恰是教师自我成长的必要前提。

深描，让事件处于无蔽状态

所谓深描，是根据解释学的理论而建立的一种通过叙事来研究教育的方法。

谈到教育研究，一般都会想到定量观察、问卷调查、教育实验、实地访谈等科学研究方法，毋庸置疑，这些方法有其科学意义和实用价值，但如果仅依靠这些方法来研究教育是不全面、不客观的，因为有些现象则由于其不同的存在条件而无法作有目的的研究。本书所讨论的大部分现象就属此种情况，对环境的信任对于青年人的发展具有什么意义，这是不能以有意创造的实验条件来确定的。其道理很简单，因为假想的信任不是真正的信任，它永远不可能具有由真正的信任所产生的那种作用。博尔诺夫明确说："从事先做出的科学概念来确定什么可以或不可以作为科研对象，这是行不通的。正好相反，必须由需研究的对象来确定科研的方法。""对于这种现象，解释学方法是唯一可优先采用的方法。"

我们先以两个从互联网上找到的课堂实录为例来对比说明。

《在马克思墓前的讲话》课堂实录(节选)

教师:同学们,今天我们来学习《在马克思墓前的讲话》(板书课题)。听说同学们已经学过这篇文章了,那么,重新学习你们有没有新的发现呢?我建议我们今天以一种新的方式来学习这篇课文,争取有新的发现和新的收获。用什么新方法呢?用马克思的精神来学习有关马克思的这篇文章。(板书:"您的座右铭?思考一切。")马克思的战友威廉·李卜克内西曾这样评价马克思:"他是一个彻底正直的人,除了崇拜真理之外他不知道还要崇拜别的,他可以毫不犹豫地抛弃他辛辛苦苦得到的他所珍爱的理论,只要他确认这些理论是错误的。"作为跨世纪的当代中学生,我们理应具备崇尚科学、追求真理的思考精神。所以今天我和同学们就以马克思的独立思考的精神来学习,好不好?

学生:好!

教师:说到"独立思考",对于阅读来说,首先是质疑。"于无疑处有疑",这是创造的起点。今天这堂课,我们就从提问质疑开始吧。问题提出来后,我们一起来研究、讨论,甚至争论,总之,唯真理是从。好,同学们现在开始思考、提问。

(学生开始思考)

学生:在本文的第六段,有一句话:“任何一门理论科学中的新发现——它的实际应用也许还根本无法预见——都使马克思感到由衷的喜悦……”这个句子中有两个破折号,我想问问这两个破折号的作用是什么。

教师:好,有没有同学能够帮他解答这个问题?我顺便说说,同学们的问题提出来以后不光是我回答,你们也可以问答;你们回答不了的问题,由我回答,但是我的回答也只是一家之言,供你们参考。咱们平等对话,我也不能说我就把这篇文章读懂了。好,谁能说说这个破折号的作用?好,请贯诺谈谈你的看法。

学生:我觉得是插入语。

教师:插入语的意思——就是表示什么呢?

学生:就是插入的部分。

教师:插入的部分?还有没有其他的解答?准确地讲,我的理解是——好,那位同学在下面很急切地说什么,请你大声些说。

学生:我认为是表示注释。

教师:哦,你认为是表示注释。同学们想想,是表示注释准确些,还是表示插入准确些?

学生:(齐)注释。

教师:是的,我也认为是表示注释。还有什么问题?同学们的思想应该飞翔起来,什么不懂的问题都可以提。好,你说。

学生:第三段的第一句话“正像达尔文发现有机界的规律一样,马克思发现了人类历史的发展规律……”我不知道达尔文的发现和马克思的发现有什么相似之处,将恩格斯与马克思要放在一块儿说。

《渔歌子》课堂实录(节选)

开门见山,学生准备停当后,干国祥老师便抛出了第一个问题:“‘渔歌子'是题目吗?"这也是检查预习作业第2题:自己读、背《渔歌子》,想想"渔歌子"是它的题目还是词牌?

干国祥老师先请同学们把这首词齐读一遍再来回答。全班20个学生,本堂课的第一次朗读可以用八个字来形容:声音响亮,停顿准确。

读完后,干国祥老师再问这个问题,孩子们仍然显得沉默,后来一个孩子起来说:"好像是词牌名,又好像是题目。"干国祥老师首先夸他很聪明,"因为诗的内容和'渔歌子'的名字很吻合,而'渔歌子'又是词牌名,所以这个同学用'好像……又好像……'来回答"。接着干国祥老师又把孩子们迷惑的地方告诉了大家:"'渔歌子'其实是词牌名,虽然题目是文章内容的概括或者提示,这首词写的是'渔歌子',就是渔父打鱼时唱的歌,不过它不是题目,是词牌名。"而词牌名和题目的差别就在于词牌名规定了这首词的形式,说到这里的时候,干国祥老师请同学们看看,是否发现了"渔歌子"的规律。他先叫了一个女生回答,看来女生并没有预习到这点,所以表示不知道。而刚才那个发言的男生(正好是四年级开展课程实验班级陆老师的儿子)在"一片沉默"中站起来,告诉大家"渔歌子"词牌名的格律。他的预习达到了一定的深度,因此干国祥老师请大家把掌声送给他,并且补充了,"渔歌子"是词的形式,而内容倒不用一定要去写打鱼。然后干国祥老师请大家再读一遍,注意体会"词"与"诗"之间字数与节奏的微妙差别。

这样,通过读,学生对"词"和"诗"的形式区别有了更具体的认识,然后为了再一次加深对"词牌"的印象,干国祥老师又举了一个很滑稽但是很能说明问题的填词例子:"……白米饭,小青菜,午饭吃得真香甜。"他告诉大家,虽然从形式上不能称其为诗,但是"渔歌子"词牌的体现,学生都被逗乐了,也清楚地知道了"渔歌子"是词牌名,内容可以与打鱼全无关系。干国祥老师请全体同学把"词牌名"写在了预习作业纸相应位置上,然后继续往下学习。

通过对比这两个课堂实录会发现，第一个课堂实录仿佛录像一般，机械记录了课堂发生的师生发言、对话过程，对课堂的本质并未揭示。 而第二个课堂实录采用的是叙事方式，仿佛讲故事一般，通过适当的“剪裁”，还原了课堂上师生围绕诗歌而进行的学习，这里既有师生对话，也有学生的神态表情、学习过程和老师的教学方法、教学过程等，记录者不仅客观记录课堂发生的显性内容，还通过自己的观察与理解对课堂隐性的内容（如学生学习状态、教学机制）进行了分析。 总之，第二个课堂实录读来更丰满，更能让读者理解课堂的本质。 这种课堂叙事方法就接近深描。

深描，就是通过观察者适当的“剪裁”，生动、鲜活、完整地对事件进行描述，呈现事件的本质，让事件本质处于无蔽状态，让本质以本来面目呈现。好的深描，貌似客观、朴素、纹理清晰、不加评述地描述事件，但是能在读者心中引起强烈的震撼。

通过描写可以呈现本质，但描写得不恰当，现象反而会遮蔽本质。 要想写好深描，关键是描写者对事物的理解力，对本质的把握能力。 从教育角度来说，描写者要具备高度的专业能力以及叙事水平，从而能不被现象所迷惑，能够从蛛丝马迹的细节中敏锐地把握本质。“这种描写并不是真正的理论上能很快把握的初级技术，正相反，它需要具备极高的学问，需要进行长期刻苦的训练。 因为这还关系到抛弃原有的一切偏见，以便全面地看到事物本身，为此需要一种唯有经过长期磨炼才能掌握的技巧。”在深描的练习中，要特别防止下列不成熟的情形：一、抒情。 情绪就像云彩，漂亮，但常掩盖了天空的深邃。 二、讲道理。 若非特别必要，要让事物本身开口说话，而不要代替事物说话。 三、缺乏节奏。 一切事件都有节奏，就看你能否把握。

深描与许多流行的教育叙事有本质的不同。 深描中，叙事者退居幕后，走上前台的，是事件本身所体现的奥妙与神奇；流行教育叙事中，叙事者纵然伪装谦逊，骨子里也是傲慢的，叙事只是自身高超教育艺术的证明。 深描容易引向对教育教学本身的深刻思考，流行的教育叙事则导向对叙事者的崇拜（这也是其目的）。流行教育叙事是优美的，阅读它会感觉到愉悦；而深描是崇高的，阅读它会感觉到震撼。流行的叙事者容易扮演全知全能的上帝的角色；而在深描中，叙事者对事件本身怀有敬畏。

后面附一篇魏智渊老师的文章《何谓现象学描述》，比较详细地介绍了如何用深描的方法记录一堂课。选择了我 2011 年写的生命叙事和干国祥老师的点评作为案例，这是用深描的方法写的生命叙事，可供参考。

何谓现象学描述

魏智渊

一、何谓现象学描述

现象学描述的核心是“面向事实本身”，这意味着一个前提，就是我们通常“看不到事实”，“事实”被我们自身的重重见障以及生活本身之流遮蔽了，现象学意味着这样的一种写作姿态，它通过持续不断地反思，通过基于理解的书写，悬置种种成见，让事实本身呈现出来。何谓现象学意义上的“事实”或者说“事实本身”？这里的“事实”指的乃是一种叙事或者说故事，现象学描述，即是讲述故事。我们通常所面对的“现象”，所产生的“体验”都是欠反思或者说未经反思的，而讲故事则意味着从混沌的“现象”中提取有结构、有意义的“故事”。而“故事”的核心，则是“冲突”，在教育写作中，没有“冲突”，则没有教育学意义。

假如我要用现象学方法描写一节课，究竟怎样的描写才是现象学描写呢？假如你把这一节课上老师和学生所说的所有的话记下来，用“某某说”的方式，就像通常的课堂实录那样，这不是现象学方法。因为这样只是事无巨细地记下课堂上发生的一切对话，没有让现象学意义上的“事实”，即有价值、有意义的“冲突”浮现出来，从而削弱了教育学意义，不利于形成“经验”。

而现象学方法，不但要对对话本身进行重新讲述，而且还有可能要描写相关的情境。

那么，一个现象学的课堂描述，它可能会写哪些内容呢？

首先，它可能会选取教室的物理环境和人文环境来进行描写，选取哪些环境，取决于这些环境对于教师及学生的意义。有些时候，教室里的桌椅摆放、黑板报、贴图等，都会透露出某些信息，比如表明教师的教育观念以及班级文化等。而这种环境，又与课堂本身有一种微妙的互动。这种环境还包括即时环境，比如突然到来的观察者（听课教师）对教师与学生的影响，可以通过师生表情及行为的变化敏锐地捕捉到并描述下来。

其次，运用现象学方法，必然不会把课堂看成是一个均匀的时空，而是一个有结构、有起伏、有冲突、有意味的“故事”。因此书写者会极尽可能客观地呈现课堂的结构，又对有意味的细节能够精雕细刻地捕捉描绘。课堂的结构，更多地体现为教者的整体安排和基本流程，除此之外，书写者更多地把目光聚集在课堂上的“冲突”或者“破裂”处。“冲突”是多种类型的，学生或者教师在课堂上遭遇的有待解决的问题（往往是教师希望突破的重点或者难点），也包括未被教者意识到的潜在的“破裂”或“冲突”。比如教师在面向全体学生教学时，可能只是根据回答问题的学生或者集体问答来判断全体学生的掌握情况，而书写者则在观察课堂数个个体学生的时候，发现未被教者察觉的问题，对这些“破裂”的细节的捕捉和描写非常具有教育学意义。除此之外，书写者可能还会观察到学生在整个课堂上的紧张与松懈，包括表情的变化以及纪律上的起伏不定，也包括教者在整个授课过程中的状态，投入或者焦虑。当然，你还可以沿着历史维度继续延伸，比如教者课前的准备特别是对课的思考，以及教后各方对课的感受和评议等。

二、现象学描述的关键

现象学描述的关键，是敞开自己，面向事实本身。这个“敞开自己”，意味着现象学文本不允许在描写过程中随意地评述，自以为是地解释甚至下结论，这样会歪曲和污染现象学文本，遮蔽事实。但是，现象学描述不反对冷静客观地呈现书写者（观察者）自身的感受及心理活动，因为这也是“事实”的一部分。也就是说，在事件过程中，书写者当然可能而且一定有自己的观点、态度和价值判断，但是应该成为需要呈现的“事实”的一部分，而不是凌驾于文本之上的裁判。实际上，并不存在一个未被主观所“污染”的“客观事实”，因此现象学文本在选择现象、讲述故事的过程中，已经必然地进行了一次解释，而这次解释，本身就受制于书写者对现象的理解。书写者的教育学、心理学素养越高，对课堂的理解越精透，现象学文本越接近于“事实本身”，越具有结构与意义，越容易内化为经验。前面只是以对课堂的现象学描述为例来说明现象学描述方法的。事实上，现象学是质的研究的一种基本的姿态，在教育叙事及教学叙事乃至于学校管理中都有广泛的运用。现象学对书写者的要求比较高，而养成现象学描述习惯，又能够促使书写者更敏锐地捕捉有价值的教育教学事件并理解其意义，这是专业发展的重要手段。那么，现象学描述的关键在哪里？我仍以对课堂的现象学描述为例。

（一）冲突

冲突是故事最重要的元素，没有了课堂上学生的认知冲突，以及教师与学生的“冲突”，就不可能形成故事。而在课堂上庞杂的场景中，包含了许多或明或暗的冲突，需要书写者进行识别。这里特别要留意的是那些看不见的“冲突”，需要书写者敏锐的观察。许多人虽然坐在课堂里听课，但是他们看不见许多其实正在发生的“冲突”。

（二）主题

现象学文本的意义源于对主题的挖掘，而在一节课中，潜藏着许多可能的主题或者问题，比如课堂的节奏、最近发展区、高难度原则等。 书写者首先需要对这些主题进行识别，然后梳理出最有价值的几个主题，围绕主题来组织书写。

（三）背景

现象学文本，是将冲突与主题置于丰富的背景之下，唯其如此，这个文本才能够独一无二。 在课堂描述中，可能包括了与主题相关的多重背景描述，包括课前的准备、教室的布置及氛围、围绕主题的情境等。

毫无疑问，现象学描述考问的是教师的专业素养，与教师的“个人化知识”紧密关联。 书写者在组织故事时的选材与编织，均体现出一种教育学眼光。 这种眼光，即是指书写者的理解力、判断力，或者说专业敏感。 一个真正优秀的现象学文本必然是一个引人入胜的生动的故事文本，它与文学故事的区别在于，后者是虚构的，而前者是采用了完全真实的材料。 现象学文本的生动不是源于抒情，而是源于有意义的“事实”所给予阅读者的一种“原来如此”的冲击。 这是由情境化的知识所带来的认知的愉悦，因此很容易丰富书写者以及阅读者的经验。

行走在路上

——2011 年度生命叙事

2011 年 12 月 28 日，还有 3 天就要迎来 2012 年元旦的曙光。

午后的阳光暖暖的，门前紫红色的三角梅含苞待放，不远处的紫荆花迎风怒放，几只肥肥的母鸡在椰子树下的草坪上悠闲啄食：海南的冬天不寒冷。

张震岳的《再见》在重金属乐器的伴奏下，节奏明快，回荡耳边，激越内心："我怕我没有机会，跟你说一声再见，因为也许就再也见不到你，明天我要离开熟悉的地方和你，要分离我眼泪就掉下去……"

外面的世界依旧风云激荡，每天早晨打开微博，各种声音纷至沓来：有祝福，有指责；有愤慨，有温暖；有期盼，有失望；有感悟，有发泄。不同的人都在以自己的视角诠释着这个纷繁的世界：小悦悦被碾过的画面一次次叩击着人们良知的底线；校车的一再出事，一次次拨动人们敏感的神经，让人们不断拷问着教育的公平与责任；韩寒的两篇文章在网络上引来如潮的评论；而历史更是以两位重量级人物去世的方式来给 2011 年收尾……人们不禁站在时间的门槛前打量新的一年：问苍茫大地，谁主沉浮？

时间在时间里流淌，但我们要赋予它标记；生命在生命中继续，但我们要活得鲜明。1 年，12 个月，53 个周末，365 天，在历史长河中仅仅是一滴水珠。一天是一个切片，一个一个切片，也就连成了自己的历史。

今天，我就像即将开始一次新的远行，坐在时间的门槛上，盘点一下行囊，收拾好了，走好明天的行程。

二

灵魂选择自己的伴侣,然后关上门;神圣的多数对她再没有意义。不为所动,她发现车辇停在她低矮的门前;不为所动,一个皇帝跪在她的门垫上。我知道她从一个富有的民族挑选了一个;然后关上了她注意的阀门像石头一样。

——狄金森

2011 年 2 月 17 日（农历正月十五），我乘坐的南航飞机在三亚凤凰机场缓缓降落，从飞机窗口看下面蓝蓝的海面、金黄的沙滩、一棵棵椰子树，心潮起伏，想一年时间将是何等漫长。

眨眼间，现在已经是年底了。

就我从事的工作——带领大学生实习支教，自己是驾轻就熟，闭上眼睛都知道每个阶段重点是什么，每个阶段大学生的薄弱环节是什么。忻州师院开展扶贫顶岗实习支教工作十四年里，自己既作为大学生参加了实习支教，也作为指导老师在山西原平带队，带领了近十批大学生。但作为学院第一个走出山西，远赴海南的实习支教队长，也是有很大压力：1.五指山人根本不知道忻州师院在哪里，更不用说了解，一切都得靠自己打拼，而且基本是我一个人带学生打拼；2.自己虽然熟悉山西农村情况，但五指山少数民族山区的教育状况和内地有很大区别；3.海南的气候、饮食、文化、语言和山西有很大差异；4.学院领导高度重视，自己必须成功，不能失败，一定要在当地创立忻州师院良好的品牌声誉；5.过去在山西，我主要和乡镇一级的校长、政府领导打交道，而来到这里，还要和市政府、教育局各级领导沟通。

开学首先面临的一个变化是，当地教育局领导班子更换，刚刚积累的一些基础转眼就没有了，在从三亚到五指山的路上，内心忐忑，不知今年工作将是如何局面。

因工作时间基本自由，所以，工作上，想轻松也能轻松，只要保证实习支教学生安全，随时和各级领导保持沟通即可；但如果想做出一番成绩，也有相当大的自由空间，因为实习支教大学生直接带班上课，你可以把自己的许多想法贯彻实施。平台是有了，能做多大，完全取决于自己。

自己抛家离子如果仅仅是为了享受海南风光，是说不过去的；“士为知己者死”，既然领导把如此重任交给我，我就要对得起领导的信任，不能口头说一套，背后做一套；五指山民族地区基础教育薄弱，自己既然来了，就要尽自己最大能力做力所能及的事，起到应有的作用；和每一批大学生相处，都是一种缘分，我要从内心对得起这些热情、阳光的大孩子，不仅能让他们支教“放电”温暖他人，更要达到实习“充电”的作用，何况，没有自身的提高也不会提高别人。

基于以上想法，我竭尽所有能力和精力，以不断的创新来提升工作品质。新学期，在工作制度上，开始编辑每周《工作简报》，此举是忻州师院所有支教队首创，得到领导高度评价，暑期中在所有支教队中推广实施。其次，大力开展旨在促进阅读的“五个一”活动（读一本书，举办一次朗诵演讲比赛，举办一次征文比赛，学习一首歌曲，办一期有关阅读的展板）。

正当自己雄心勃勃顺利地开展计划时，开学没几天，2 月 28 日，一场意外交通事故突如其来，这是自己开车以来最大的一次交通事故，车祸之惨，不忍回顾，当时情形也记不完整了。上苍眷顾，天大的幸运是身体没有任何创伤，也没有对他人造成任何伤害，但对自己的情绪和工作带来很大影响。事后和保险公司、汽修厂、学院等交涉，颇费周折，当时发了一则微博记录了彼时的心情：所发生的，定要书写，但不是现在，而是在一个烟淡风清的日子里，就像在描述一个他人的故事。其价值会随岁月而凸显，指向岁月、他人、自然和自己。接下来，等候修车，一等就是两个月。在酷热的海南，没有汽车，出行极为不便。然而，“塞翁失马焉知非福”，脚步被束缚了，心灵却敞开了。两个月时间，以信件和学生交流，每周一封，五千字左右，共写了 7 篇文章。

3 月 4 日，我给学生写了第九封信《态度决定一切》，强调了态度的重要性。3 月 11 日，写了第十封信《一场战斗一堂课》，以战斗为例，详细分析了初登讲台的老师出现的不足。3 月 19 日，写了第十一封信《于躬行处寻求超越》，强调不要仅仅着眼于学业成绩，还要大力抓五指山小学生的习惯养成，为未来发展奠定基础。3 月 26 日，写了第十二封信《是的，我能》，在信中，我针对一部分实习支教老师出现的畏难心理，说年轻的标志就是敢于挑战不可能。随后，我写了《从安田说起》，强调大学生应走出自我的小天地，增强社会责任感；写了《寻找送信者》，强调了执行力的重要性；写了《向平庸的自身开展》，强调了老师自身的学习，己立立人，己达达人。

遗憾的是，在汽车修好后，自己再也没有如此有规律地写信了。

期中考试，实习生所教班级成绩捷报频传，让我大大松了一口气。打江山容易坐江山难，在第一批同学创立了不错的品牌后，第二棒总算平稳交接并顺利起跑了。

二

他饮食珍贵的文字，他的精神变得强壮。他再不觉得贫困，他再不感到沮丧。他跳着舞过黯淡的日子，使他飞翔的只是一本书，能有多么大的自由，精神摆脱了束缚。

——狄金森

新的学期，深度卷入网师。

从2月起，我就正式担任研课讲师，主持语文课程了。

我从2009年开始加入研课群学习，也算老学员了，刚开始两个学期的收获非常大。但一年后，发展遇到瓶颈，遭遇很多困惑。2010年下学期，研课主持人“江上清风”邀请我主持一次，带着挑战自己、换种角度学习的目的，我接受了任务，在巨大压力下，精心准备了《泊船瓜洲》的课程资料和讲义稿。也许是自己的认真态度给魏智渊老师留下了不错的印象，所以，在新学年研课比较困难的情况下，他希望我来牵头。我知道自己的实力是不够的，当时只是想：(1) 在网师最困难时候，应该挺身而出，为网师分忧；(2) 给自己增加点压力，挑战一下；(3) 先答应一个学期，等有其他合适人选时，就让出来。

考虑到自己的实力和能力，在魏智渊老师的建议下，我聘请了一些优秀的学员担任讲师，总共10次研课，我主持了两次，其余8次由以下老师主持：罗汉道格（网名）、蓝玫初绽（网名）、石子雨（网名）、周兴东、秦月汉关（网名）、如花寂寞（网名）、月夜捕手（网名）、河南麦子（网名）。非常感谢8位老师在困难之时，鼎力相助，使网师语文研课比较顺利地走过了过渡期。他们在紧张的工作和繁忙的家庭生活之余，都尽心尽力完成了研课主持任务，我曾在一则微博上感慨：一个虚拟的空间，来去皆可自由，行至皆是随意；理由不愁找来，来去可无牵挂。然如此去拼，去做，当然是对自身生命价值的守护、挖掘、提升。然而当承诺承担一定责任后，这更有一种真诚、信守与担当了。虚拟的空间达到并超越了现实空间的“现实”。这也许正是真正新教育人的“动人”之处吧!

当然，最应该感谢的还是我的组长——罗汉道格，昨天我刚刚统计了本学期两次作业名单，就深感统计之烦琐，但她对2010年下学期的研课成绩不仅全部进行了详细统计、考核，而且一一进行了比对和清群工作，工作量之大可想而知。一年来共18次研课，她承担了全部实录的整理工作，尤其是后半学期，她的工作调整，孩子也上了小学，学校也有课题，在繁重的工作中，她依然坚持完成任务，令我非常感动。我曾和她开玩笑说，你要哪天“辞职”了，我也要“下岗”了。可以说，我这一年来能顺利主持研课，和她的大力协助是分不开的。

我在微博中这样写道：罗汉道格老师在假期知道她主持的研课日期后，短短几天，加班加点做出了研课资料。我看后，做了批注，发回。罗汉道格老师又挤出晚上的时间修改。仅从微博看就知道她是如何披星戴月，加班加点。除此之外，还统计了上学期的研课名单，整理了研课群，随时回复参加者信息等。对此，我唯有感动，无以言表。

除此之外，她还要处理研课群的日常工作，随时对报名者进行回信。记得在学期初进行清群工作时，有极个别老师误解，她默默承受，当时的微博记录了我的感受：在罗汉的极大帮助下，第二次研课完美结束。作为研课组长，作为一线的老师，我知道罗汉道格除了付出汗水、时间，甚至还被误解、抱怨。但是什么让我们坚持着呢？是内心中的“信”，信念，信仰。当然，自己最终是收获的，幸福的。还有什么比挑战自己，而且挑战成功更有魅力呢？

开学初的第一次研课由我来承担，研讨的是一年级的课文《酸的和甜的》。我从来没有一年级上课的经验，在准备主持稿时，内心忐忑不安：深了，怕不符合实际；浅了，怕老师们没有收获。3 月 2 日研课，自己从 2 月 26 日开始准备，首先是狂读干国祥老师的课堂实录；其次反复琢磨文本，在群中不断发起讨论，并整理出了三次研讨记录《关于预习的讨论》《如何落实字词》《为什么兔子不能上树》。经过一个多星期的准备，基本有点眉目了。

3 月 2 日下午，仿佛一场大战前的宁静，课前一个小时的微博记录了当时的心情：还有一个小时开始上课，洗把脸，上趟厕所，把饭打包回来，呼吸点新鲜空气，静静地开始……当然，没有人能从两行简单的文字中看出我当时经历车祸后的纷扰和恐惧。 研课虽然没有达到预期目标，但在干国祥老师的帮助下，还是相对满意，起码没有让老师们大失所望。

这次研课再一次加深了两点认识：(1) 如果想主持好一次研课，课前的“预热”(讲师发起讨论) 是非常必要的，甚至说“预热”的好坏决定研课品质的高低，后来的实践也反复证明了这一点。(2) 讲师的课堂实践非常关键，只有亲自实践了，才能把握分寸感。 我在本学期主持了两次研课，事先都会在教室进行讲课，感觉也很好。

“回首向来萧瑟处，也无风雨也无晴。”今天回顾自己总共主持五次研课的过程，不胜感慨。 第一次研课讨论 28 字的诗歌，准备了半个月；第二次研课准备了一周；而本学期最后一次研课，用了一个下午准备 (当然，之前是不断地在脑海中构想，并在课堂实践的)。 回头看当初主持研课的初衷，是远远达到并超出预期目标了。

在干国祥老师、魏智渊老师鼎力帮助和各位讲师的支持下，上学期的 10 次研课结束了。 虽然得到了魏智渊老师的肯定，但自己并不满意，主要原因首先是自己实力不够，达不到卓越的境界；其次是主持人太多，每个人都在自己的基础上开始，每次都是从零开始，缺乏前后的衔接和递进；最后是许多老师都承担实际教学工作任务，估计没有太多的精力研课，投入不多，所以研课的品质没有达到预期效果。 我决定下学期的研课，主持人不能有这么多，要精简。

在主持研课的同时，我也结合本职工作不断深入教室听课，深入思考课堂教学。 6 月，实习支教大学生在五指山市一小参加公开课观摩，我作为总评人对市一小老师的课进行了点评，我觉得点评还是中肯的。 实习支教工作顺利进行，在期末考试中，学员们以优异的成绩再一次为实习支教画上了圆满的句号。 第二批实习大学生和第一批相比，相对弱一点，能取得如此成绩，学院领导也认为是不错的。

三

有另一种孤独，许多人至死没有发现，它无法在朋友聚会的场合找到，不是机会也不是抽签。而它有时是天性，有时是思想，那孤独降临在谁身上，他就会比那致命的数字透露出的更富足。

——狄金森

我经常对自己说一句话：男人，要对自己狠一点。

想起自己高一时，说话笨嘴结舌，和女孩子说话都脸红，更不用说在大庭广众之下发言了。一天班主任说，学校要举行一个演讲赛，有没有人自愿报名。当时，我头脑一热报了名，目的只是锻炼自己的胆量。比赛那天，面对全校黑压压的人群，当我独自站在演讲台上时，我认为已经拿到了第一，因为我战胜了自己。具体的演讲细节记不起来了，但有了那一次蹩脚的开始，才有了自己在大学当广播站长时的侃侃而谈，有了在山西电视台演播室的辩论，有了当年级主任后主持的无数会议……

为了主持好网师研课，我大量读书——如饥似渴地“恶补”。首先是读《给教师的建议》，这本书也是支教队共读的书目，我把书放在汽车上，每到一个学校检查就拿出来共读，很多章节已经读了多次，但每一次阅读都能有新的收获，这也许就是经典书籍的魅力吧！刚开始我也读不懂，现在反而觉得浅显易懂，这种感觉真是奇妙，我曾经在一封写给大学生的信——《“板着脸孔”的经典书》中描述了这种感受：时至今日，我终于明白，当岁月的风尘拂去喧嚣的浮尘后，裸露出来的书籍上永远镌刻着两个字——经典。之所以成为经典，就在于其不仅不会过时，反而是历久弥新。

为了真正从语文课程的高度把握课堂，解决“教什么”的困惑，我细抠了王荣生的《语文科课程论基础》一书，基本明白了“定篇”“例文”“样本”“用件”的分类，在教材解读时有了分类的自觉性，但还没有达到真正合理、娴熟运用的地步。后来又听从魏智渊老师的建议阅读了杜威的《经验与教育》，在微博中开了“我在海南读杜威”话题。但真正留下印象的是暑期在罕台共读杜威的“思维五步法”。用我的话来概括就是：

1.遭遇一个问题或困惑。

2.确定问题背后的原因。

3.针对原因提出一个个解决的对策。

4.对每一个对策进行推敲，假设验证，以确定一种合适的方法。

5.对这种方法进行实践，来证明其合适与否。

在共读时，我对这一章很感兴趣，留下了很深的印象，但还没有在课堂中具体运用，所以比较模糊。而在下学期罗汉道格老师主持研讨《奇怪的大石头》时，魏智渊老师的分析令我恍然大悟，从此对“思维五步法”有了自觉地运用。在《向青草更青处漫溯》这篇文章中，我详细记录了这一过程：

7点53分，魏智渊老师在“网师休息群”中抛出一个问题——

“如要提出一个‘大问题’，提什么？”

随后，他说出了自己的答案：“李四光为什么会成为著名的地质学家？”

一石惊起千层浪。

讲师也敏锐地感觉到了这个问题的价值，觉察到了课堂讨论中的不足。随之，课堂的方向发生了改变，学员也纷纷恍然大悟，研课讨论进入了一个小高潮。

为了清楚地表达观点，魏智渊老师详细阐述了自己的思路。

（课堂上）不能直接分析李四光的品质，这是直奔目的，学生会轻易给出答案，要不断地打回去。“李四光善于思考”是抽象的说法，在教学中要具体化。善于思考，坚持不懈，这些要在文本中显现。

1.他问了大石头从哪里来？

2.他不满足于一个解释，而对这个解释会进行追问。

3.他会向不同的人请教。

4.没有答案时，他不会忘记这个问题，而会一直藏着。

5.这个问题带领着他不断学习，直到有一天获得答案。

不同的人，会停留于不同层次，这就形成了不同的品质，不同的品质导向了不同的人生，对一个问题进行有足够长度的持续地追问和思考，这种品质很重要，对孩子也很有教育意义。你每次提问，学生都会轻率地回答，每次把学生"打"回到文本中，学生最终就能明白啥叫"善于思考"了，否则就从头到尾都混沌了。学生初读，就知道李四光的品质了，学完了，还是那样。

一直在研课群旁听的我突然想起了暑期在罕台共读杜威的"思维五步法"。许多记人的文章，都会呈现一个"问题"或"困境"，而文中的人物会根据自己的思维采取对策和办法。读者在阅读时，会自然顺着人物已经显现的思维去顺其自然地思考，而容易忽略主人公思维、下结论的过程。只有条分缕析地分析主人公遭遇问题的思维过程，明白了结论或行为是怎样来的，这才能看出主人公思维的可贵或谬误之处。

最近看冯友兰分析佛家的"顿悟"，表达出了当时的感受：

按佛家的看法，人的修行，不论多久，就其性质说，都只是心灵的准备。要想成佛，必须顿悟，这是一种类似跳过悬崖的内心经验。禅师们用一个比喻说"如桶底子脱"，当桶底忽然脱落时，桶里的东西，在刹那间都掉出去了。人在修禅的过程中，到一个时候，心里的种种负担，会像是忽然没有了，各种问题都自行解决了。

这时，我也想起了暑期在罕台共读时，总希望干国祥老师能对《圆善论》进行精确简短的概括以达到把握，干国祥老师说："不可能，除了你自己勇猛精进，任何人替代不了。"是啊，读书可能就是这样，一开始读不懂，很多人就放弃了，如果硬着头皮啃读，在"山重水复疑无路"时，就会有"柳暗花明又一村”了。

除了教育学类的书籍，我还阅读了阿德勒的《儿童的人格教育》，试图从心理学角度为课堂找到支撑。

上学期，在研课的巨大压力之下，自己只是旁听了网师的课程，而没有深入，特别是未能学习魏智渊老师开设的《文本解读与设计》，很是遗憾。

“问渠那得清如许，为有源头活水来。”在不断的研讨中，我逐渐认识到：语文课堂的瓶颈是文本解读，文本解读的瓶颈是哲学。那时我已经下决心，重新开始攻克哲学这一块“硬骨头”，从根本上来解决问题，而不仅仅是零敲碎打式的补充。

下学期开始，我选修了“中国哲学”和“苏菲的世界”两门课程，并重新拿书开始研读。但跟着讨论了几次后，感觉在讨论中收获不大，首要的还是自己的啃读，于是我放弃跟课程的进度，先从冯友兰的《中国哲学简史》开始慢慢梳理。

有为，有不为。当目标确定后，心态自然平和，读书也不如过去那样“饥不择食”了，有了方向，有了自己的读书节奏感。我在微博上开设了“听冯友兰谈哲学”话题，慢慢梳理，也做了几千字的读书笔记。中国哲学博大精深，冯友兰的解读语言晓畅，通俗明了，但总感觉只是读懂了字面意思，而没有真正领悟实质，不能与自己的生命产生共鸣。有一次听哲学群讨论，总觉得隔靴搔痒，不得要领。这时魏智渊老师在“网师休息群”中建议，首先要对核心概念进行梳理、辨析，然后联系当下，分析这些哲学思想与社会现实的关系。寥寥数语突然启发了我，因为我手头正有一本易中天的《我山之石》，他就是用当代的视角来分析古代哲学在当时的作用和意义，虽然可能不得全部要旨，但非常生动，原来哲学并不是高高在上的玄学，而是时代的产物，是不同的学者开出的企图拯救社会的“药方”。易中天在书的开篇的扉页上写道：

天下大乱，需要"救市"，先秦诸子百家争鸣，儒墨道法究竟孰是孰非？同一个世界，不同的梦想——克己复礼爱你没商量（儒家），国企改革爱你没商量（墨家），不折腾才有效（道家），两面三刀横行霸道（法家）——这世界该交给谁？

随后发现易中天的解读和冯友兰的《中国哲学简史》可以互为印证，读时也就兴趣盎然了。 然而更大的启发来自阅读钱穆的书籍。

偶尔在魏智渊老师推荐的书目中发现有钱穆的书，买了一本《中国思想通俗讲话》来读，没想到一发而不可收，一口气又买了五六本钱穆的书。 读钱穆的书最大的收获是真正理解了儒家精神的真谛，参透了困惑自己多年的"人生的意义"是什么的问题，可以说这是本学期乃至近几年读书感悟。

钱穆精确辨析了自然人生和文化人生的区别，他说："以求生为唯一目的是自然的人生；人在求生之外还有其他目的存在，这种有目的、有意义的人生，称之为文化的人生。 文化的人生是有目的、有意义的人生。 文化的人生中也包含自然人生。 人生的意义正因有许多目的方精彩。"如果仅仅为求生，人与动物何异？ 人之所以为人，就应当是在求生存之外，还应有另外的、更高远的意义。

他进一步对人生的意义做了划分，对人生哲学做了精要的分析：人生三步骤。 第一，生活。 满足起码的衣食住行。 这是物质文明。 第二，行为与事业。 修身齐家治国平天下。 修身指向自由、平等、独立。 守己以待时，安己以待命。 这是人文精神。 第三，德性。 圆满自己的德性。 达于"安""乐"。

钱穆说，富贵贫贱只是人生的一种境遇，我们要能"安"，能"乐"。 只要我们的行为能合乎我们的德性，尽可不问境遇，自得安乐。 身体内有个心，生命内有个德。 德性由天所赋，可以永恒。"足于己，无待于外，之谓德。"德就是性。 人生的最后归宿，就在此"德性"上。

钱穆的分析精要凝练，一语中的，醍醐灌顶，我感触良多。

为了更进一步深研中国哲学，我每天早晨开始研读李泽厚的《论语今读》，虽然认识还很肤浅，但在干国祥老师文章的启发下，也有点感悟。更主要的是埋下一颗种子，带他日生长，相信岁月，何必着急呢？

这一年，买书上千元，是近几年买书、读书最多的一年，大部分书籍是在魏智渊老师推荐下购买的。为什么会如此如饥似渴地读书呢？

在海南的工作，从表面看起来，生活在山清水秀的风景画中，从自然环境来看的确是人间天堂，但对于长期生活在北方的我来说，来旅游一趟的确不错，但抛家离子长期一人在此，饮食、气候、语言都是现实的困难，更主要的是家里平安还好，如果遇到父母、妻子儿女身体不舒服，自己如热锅上的蚂蚁，急得团团转而无计可施。

然而换个角度来看，现在也是“充电”的黄金时间，一生中这样的机会都不会太多，工作当然要做好，但在如此长并相对自由的时间里，仅是做工作而没有生命的更新，没有自身的提升，是有愧于家人和自己辛苦付出的，而且工作也会受到影响。

当然，通过一年多的学习，现在的目的和初衷已经发生很大改变，特别是魏智渊老师现身说法给我讲述他和干国祥老师是如何刻苦学习时，我深为震撼。一万年太久，只争朝夕。当发现生命还有另外的可能性，生活还有另外一种活法，此时的学习和生活已融为一体，学习已经成为生活的常态，犹如呼吸空气一样自然。我想，等某一天离开海南回到紧张的工作中时，也会如此。

这是一年来最大的改变之一吧！

四

一种正在衰退的珍贵的快乐是遭遇一本古老的书,他恰恰穿着那个世纪的打扮;我认为,这是一种特权,他庄严的手握在我们手中,变得温暖。

——狄金森

2011 年，我到了罕台。 暑期，见到了魏智渊、干国祥等老师。

7 月，网师从电脑中跳出来走到了现实。

6 月，一个闷热的中午，在风扇无精打采的晃动下，我躺在床上辗转反侧，热得睡不着。 爬起来看电脑，突然，群中跳出一个信息，让我睡意全无，惊喜万分。 魏智渊老师确定我为参加罕台暑期共读的人选，问我确定与否。 那是一个现在想起来都激动万分、印象深刻的时刻。

7 月 13 日，当我踏着昔人走西口的踪迹跨过黄河，看着窗外茫茫的塞外草原时，心情之激动无以言表，是取经者的坚定，是朝拜者的虔诚，是探险者的新奇……

从李鑫义老师和阳光帅哥刘逍到车站接我开始，到见到一个个未曾谋面但分外熟悉的朋友，一切都是那么的亲切、自然、美好。

刚进校门时，看到教学楼前，一群“铁丝”围着传说中的“铁皮鼓”在聊着什么，想想我全家总动员，拖家带口，有点不好意思，魏智渊老师关切地询问几句，并介绍了我住的房间等生活细节。

下午，偶然看到一人从厕所出来，低头匆匆行走，标志性的发型让我很快确定，这就是传说中的“绍兴师爷”干国祥老师了。 简短而亲切的几句问候让我觉得和网络上那个犀利、毫不客气的干国祥老师判若两人。

当我和妻子、女儿走进宿舍，看到崭新的床单、被褥时，亲切、温馨，当然还有深深的感动。

没有过多的寒暄，但房间细节的布置能看出考虑之精心；没有太多客套，朴实的言语犹如回家。有时太多的客套、应酬犹如演戏，谁都累，这样自然、朴实就很好。到食堂吃完饭，回到宿舍，打开电脑，看到魏智渊老师新的微博：罕台总是朴素而宁静的。朋友依次而来，只有最朴素的饭菜（甚至是剩菜），以及简单的问候。之后，便是各人忙各人的事务。这就是研究中心的风格，曾被某些人诟病为冷漠的风格，不在人际交往上耗费过多光阴的风格。开始，或不适应，久之，或许会喜欢上。

抬头看看窗外空旷而安静的校园，想想此刻每个人都在办公室内静静地读书学习，我想，不用“久之”，而是现在，我已喜欢上。

《圆善论》读得晦涩，听得艰难，向飓风大姐请教了许多，但还是一知半解。近一周的学习，不是收获了多少，而是明白自己短缺多少，如果说真正的收获，就是激发了我开始攻克哲学的斗争。

共读杜威的《我们怎样思维》，由于买的版本不一样，所以之前的预习基本没用，当然主要还是没有根基，只理解只言片语，不能将知识结构化，更不用说内化了。但这本书和《圆善论》相比还是浅显多了，尤其是干国祥老师从语文角度进行了精彩的讲解和精辟的分析，收获颇丰，我在微博上发了许多笔记和体会。

每次共读，马玲老师的朗读，音质纯美，字正腔圆，本身就是一种享受；然后魏智渊老师的分析深入浅出，概括精要，举例比喻形象贴切；干国祥老师的分析又醍醐灌顶、拨云驱雾、鞭辟入里。往往听了魏智渊老师的分析认为十分清楚，但听了干国祥老师的分析后又觉恍然大悟。如一老师感慨，干国祥老师他们都属于泄漏天机的人。共读中，我大部分是在静静地听。有时候，沉默是智慧，我也沉默，只因浅薄。

半个多月的共读，收获的除了知识，更重要的是坚定了一种信念。看到魏智渊老师、干国祥老师的学习劲头之足、书籍之多及知识之渊博，我明白了什么是“勇猛精进”，明白了钢铁是怎样炼成的。

当然，烛光下朗诵诗歌的浪漫，响沙湾旅途的快乐，飓风大姐川菜的美味，与如一老师在公园的邂逅等都是回忆中的美妙。

今日回想，不禁感慨：想想当时情境，还历历在目，如在昨天，而一晃间，半年已经过去了。

五

他用手指摸索你的灵魂像琴师抚弄琴键，然后正式奏乐——他使你逐渐晕眩——使你脆弱的心灵准备好迎接那神奇的一击。

——狄金森

8 月 28 日，飞机从太原武宿机场缓缓起飞。

想想此去又是漫长的半载，想想即将面对的蚊虫叮咬、酷热、米饭，想想病弱的妻子、年迈的父母、幼小的孩子。 内心酸甜苦辣，一言难尽。

我拉上了遮光板，调整了坐姿，伸了伸腿，将头仰在椅背上，闭上眼睛，深吸一口气再缓缓呼出，什么也不愿想，耳边只有飞机的轰鸣……

进入工作环境，和朝气蓬勃的大学生在一起，忙碌的工作就把个人的伤感驱逐到一边了。 庆幸的是五指山教育局对工作的大力支持和认可，庆幸的是第三批同学皆精兵强将。

真正的挑战来自内心，每学期和大学生刚熟悉，就又换一批；新学期又得从头开始抓细枝末节，一样的话不断强调，一样的工作不断重复，如何克服倦怠和疲倦是我面临的真正挑战。

一开学我就写了给大学生的第十六封信《抵御灵魂的麻木》，在信中我剖析了自己的内心：

我知道，未来的一年，与其说与各种困难挑战，不如说是与容易倦怠、容易因干瘪而麻木的灵魂抗争。

这，不仅来自他人，也来自自己。

当曾经新鲜、好奇的一切慢慢变得习以为常，当自己被生活的琐事之网重重缠绕，当困惑、挫折、失望、无力阵阵袭来，心灵的防守阵地往往会步步退却，心灵之水的源头会渐渐干涸。

在信中，我也给自己寻找“药方”：

常常想到《阿甘正传》中，不知疲倦奔跑的阿甘，从日升到月上，从春来到冬去，日复一日。他为什么而跑？不为什么，跑就是目的，跑就是意义，还需要其他多余的意义吗？我想，如果把麻木的心灵比喻一座封闭的监狱，那么我们每个人的一生都是一次漫长的大逃狱，其中包含无数次小逃狱。

做事，就是逃狱的最好途径之一。

当然，在后来读了钱穆的书籍后，答案更清晰，认识更坚定，那就是：已立立人，己达达人。而另外一个克服灵魂麻痹的方法是：不断在工作中进行创新。

在新学期，除了继续完善《工作简报》，主要发挥微博的作用，让微博成为汇报工作、记录点滴、反思教育、交流观点、互通有无的平台。我要求所有的支教小组和班级都开设微博，我对内容、字数、格式等进行了详细的要求，每天查阅、点评微博。我通过支教队的微博不断和同学们交流、反馈、提醒。其实，写微博就是给心灵加一点清醒剂，不使自己陷入烦琐的日常工作而无法自拔。培养一种习惯，做一个生活的有心人，保持一颗省察的心：写微博的真正意义在此。

一开始，同学们对此很有兴趣，做得很好，但许多同学慢慢就懈怠了，当然也和网络不方便有关系。一番思索后，我认为还得靠科学的制度。随后，支教队派专人考评微博，设置了三个微博评选项目——“最有价值微博”“班级最勤劳博主”“小组最勤劳博主”，每周评选一次，结果刊登在《工作简报》

上。一个科学的制度胜过一百句批评或表扬。实行评选制度后，微博的数量和质量都有了很大的提升。

想起一则小故事，国外有一家降落伞制造工厂，其产品总有2%不合格。最新上任的总裁想解决这一问题，他颁布了一条新制度：让全厂员工到跳伞场用该厂生产的降落伞接受跳伞训练，并规定：该厂的降落伞在出厂之前，必须抽样由工厂的人轮流试跳。很快，该厂降落伞的合格率就达到100%。一则微博说得好："管理离不开规则和标准，任何一个真正成熟的管理，必然是靠制度来运行的，而这个制度必然是在对细节精确把握的基础上制定的。没有好制度，成功不容易；有了好制度，失败不容易。"

随后，我又建立了每周例会、共读记录、每月总结评选制度，都起到了很好的作用。

六

"希望"是个有羽毛的东西，它栖息在灵魂里，唱没有歌词的歌曲，永远，不会停息，在暴风中，听来，最美。

——狄金森

9月，我成了网师议事会成员！随后，魏智渊老师通知我作为讲师代表准备网师开学典礼的发言稿！

如此重任，诚惶诚恐，特别是当知道朱永新老师也要亲自参与时，兴奋中更有紧张。三易其稿，发给掌门。掌门提出了修改意见，建议补充作为讲师的承诺。还是掌门认识到位，是啊，没有自己的努力和卓越，有什么资格要求其他老师？网师是一个汇聚的场所，是用火把点亮火把，用行动引领行动，在朝向卓越的路程中，讲师和学员都在路上。

回想两年来在网师的经历，我在发言中感慨道：

斯蒂芬·维茨格说:“一个人生命中最大的幸运,莫过于在他的人生中途,即在他年富力强的时候发现了自己的使命。”对我而言,最大的幸运,莫过于在我还年富力强的时候遇到了网师,“嫁”入了“王室”,找到了专业发展的路径,体味到了教师职业的尊严,坚定了此生的使命与追求;莫过于能与一群尺码相同的人如切如磋,如琢如磨,做自己喜欢做的事。

开学典礼时刻的激动与兴奋,相信每一个参与的老师都有深刻感触。我在那天的日记中作了详细描写:

从办公室回来,心情才有些许平静。

蓝玫初绽掉了眼泪,罗汉道格掉了眼泪,亚敏掉了眼泪,估计许多老师都流下了眼泪。我没有,只顾紧张了,何况海南的天气温度很高,脸上没有泪水,只有汗水。

担心宿舍的网络掉线,我到了办公室。办公室的电脑和笔记本感觉不一样,使用起来也不熟练,为了不出现差错,反复练习。彩排时,铁皮鼓提醒我“慢了点”,弄得挺紧张,后来发言时,让苏曼芬和欧阳妮妮给念,卡时间,我低头复制、粘贴。嘴里不停问:“完了吗?”

亚敏说,真紧张,连结婚时也没有这样紧张过。铁皮鼓说,手一直在抖。我说,我的脚还抖呢!连朱老师也说:“我的心在抖,被大家感动得抖!”

发言前是紧张,早早地盯着自己何时上场;发言后想细看,老师已经开始刷屏,干国祥老师提醒道:“慢慢来,让我一个一个地来阅读——因为每一句都是大家掏心窝子话。”但喷涌的激情瞬间把这句话也淹没在海洋中,以至于一位老师说:“这哪是在发言哪!这是在‘玩命’吧?怎么一个个都跟豁出去了似的。”最后,干国祥老师情不自禁地感慨道:“思无邪,思无涯,此歌无邪无涯!”

完美的典礼源自魏智渊老师对每一个细节的精心准备,他对细节的考虑已经不是精心,而是极致。这一点是我参加后感受最深和收获最大的。

看看魏智渊老师后来的文章就知道什么是精心、细致。

到开学典礼剩下两天的时候,我就比较紧张了,反反复复地考虑能够想到的一切细节:

突然停电怎么办?我让同事代买了无线网卡,并进行了测试。罕台虽多停电,但网师课程几乎未受停电的影响,这跟未雨绸缪有关。早期,只要下午没电,我就直奔城里的咖啡馆,一次最低消费也在100元左右。

我把我的主持词发给了小醉,万一我到时候不在(例如电脑故障),小醉可以代为主持。方法很简单,他把自己的群名片修改为"魏智渊"即可。

我用自己的另一个QQ加入网师电影院群,这样,若哪位发言人不在,我就可以修改群名片代他发言,讲稿已经提前传过来了。

要求发言的几位6点半提前集中,在另外的群进行"排演",主要是发送讲稿的进度,以及排版(主要是段首空两格),同时,联系朱老师并将他加入群里。

7点整,我发出了开学典礼的图片,开学典礼正式开始。

有人惊讶是怎么做到的,时间掐得这么准确?其实是打开电脑的"日期和时间",最后几秒数数,然后到0秒时准确地按下发送键。

精致始于精心，成于精彩；精致源于细致，成于极致。只有付出精心，才能演绎精彩。把简单的事做到极致就是不简单。卓越的品质不是体现在语言上，而是体现于行动上。魏智渊老师的反思形象地诠释了这一点：

许多人觉得这不是什么大不了的事,何苦如此紧张?

我耗费时间写下这些似乎不值得写的琐碎,其实首先是一种自我提醒。任何一件事,要做,就全力以赴,周全地考虑种种细节,要不做,就放弃。

例如,我不能想象,7点了,主持人没出现在群里,事后解释说:我也没办法,停电了,电脑出故障了……(一脸无辜)

如果说,网师在学员心目中还有些正面影响,还能获得一些尊重和信任的话，那是因为有一批人（讲师、组长、教务人员）始终战战兢兢，如履薄冰，并且，不认为哪怕一份授课记录的整理可以马马虎虎。

我知道自己的局限，但是在局限之内，我想，我必须避免非能力因素导致的疏漏。这些疏漏似乎无关大局，但许许多多的疏漏堆积起来，就是一个缺乏品质的人生。

不再多言，再多的收获如果不能用行动来言说，其意义何在？只有将认识和知识内化为习惯，才能称为品质，从这一点来说，自己还在路上。

七

我想捏塑一天，好像它是首诗，接着调整韵脚，强调我的原因，接着确定形式，琢磨它的光亮，让它会合其他同伴，群聚在爱的房间。

——狄金森

11 月，五指山市教育局安排了两项活动，一是实习支教老师和当地老师进行同课异构，一是我给全市中学老师做一个专业发展的讲座。

事关忻州师院形象和实习支教队声誉，我非常重视。从 11 月下旬开始，主要精力集中于这两项工作。刚登台几个月的老师要和当地成熟的老师"PK"，压力很大。为此，我和三名实习支教老师做了精心的准备，仅语文课，林海花就上了四次，教案更是数易其稿。同课异构后，实习支教老师的课堂教学引起了广泛的讨论，实习老师达到了锻炼的目的，活动达到了原初的设想。

为了做好讲座，我整整准备了一周，写了几万字的讲稿。12 月 17 日，我在五指山中学礼堂作了讲座。之前，教研室曾思英主任告诉我中间不用休息，担心有的老师趁休息时间而溜走，但我考虑到时间很长，还是休息一下为好，走了也就走了。但是当中途休息结束时，所有的老师还是都回来了。讲座中，能感觉到很多老师还是很感兴趣的，课后，也有老师通过QQ进行了交流，取走了课件。

我在微博中写道：

老师通过听讲座是永远不会有真正的专业发展的。专业发展是科学，科学需要严谨、理性，而讲座为了赢得关注，注重生动、感性。往往听众没有关注“月亮”，而是关注了指向月亮的“手指”。讲座只能起到打开一扇窗户的作用。

上午在五指山中学为全市中学老师做讲座，应该说非常理想，达到了预期效果。三个小时的会场非常安静，老师们非常认真，也没有人提前走。讲座前，我说，我不是什么专家、学者，就是一所中学普通的语文老师，把自己成长的体会和大家分享而已。但是，真实就是力量。

对电影的认识改变，也是很大的收获之一。

我在一则微博中描述过去我对电影的认识：

浮华生活对于人格、效能和人际关系的影响远不如表面看起来那么美好。适度娱乐可以使人身心舒畅，有利于家庭即其他人际关系的改善，但休太长的假，看太多的电影或电视，长期无所事事，无益于增长智慧，激发潜能，增进安全感或指引人生，只不过制作更多的空虚而已。

10月的一个周末，网师研讨电影《狮子王》，魏智渊老师因有事嘱托让我参加。我认真看了三部《狮子王》系列电影，很有感发，就写了两篇观后感。讨论当晚正好是教育局张忠局长请客吃饭，但我一直惦记着研讨，于是中间“请假”出来，开车回家上网。由于准备相对充分，所以，研讨比较成功。

后来我又跟着网师电影院看了《七个武士》《黄昏清兵卫》等电影，慢慢感觉到其实看电影也是一种对阅读浪漫期不足的必要补充，现在自己的阅读偏重于精确，如果没有丰富的浪漫期阅读，容易干涩，而看优秀电影可弥补此不足。有了这个认识，我就积极对待电影了，前几天，我主动申请主持12月8日的电影《自闭历程》，这也是一部令我感触很深的电影。

另外，我还承担了《啃读者》电子杂志的编辑任务，虽然添列副主编职位，但主要的工作是孙宏春老师完成的。新一期我写刊首语，自己是下了一番功夫的，微博记载：今日为《啃读者》写了刊首语《网师，究竟是什么吸引了我》。写不出玄妙幽深的哲思，写不出口吐莲花般的妙语，只能写自己经历过的那些日子中的点点滴滴。

回想起在网师走过的历程，我在文中写道：

膜拜过很多教育明星，但基本是在观赏别人的精彩，“热闹是他们的，我什么也没有”；学习过许多漂亮的时髦词语，但这些词语仿佛落在油纸伞上的雨滴，来得快滑落得更快；阅读过许多书籍、杂志，但走马观花，没有一本真正楔入生命，提升专业素养。

而网师全然不同于这些。

网师是什么？它不是吸引“教室里失败者”聚拢起来相互取暖、自我安慰的“小火炉”，不是寄希望以攀权附贵为目的的“名利场”。它指明了方向，但需要你去攀登；它指向专业发展，但前提是职业认同；它朝向卓越，但要以教室为出发点和落脚点；它改变课堂，但慢慢你会感觉，其实影响了人生走向……

在相当长的时间里，已经自认为是一只丑小鸭、一个灰姑娘，丧失了直指苍穹的梦想和锐志，是网师让我发现了自己也有变成白天鹅、公主的可能性；曾经迷恋于各种讲座、徜徉于各种杂志、膜拜于各种教育明星，是网师告诉我没有任何现成的神话能替代穿越书籍的过程；当房子、车子等“硬件”已经具备，迷惑于此生的意义何在时，是网师引领我深入哲学，体悟到此生的真谛和归宿；当然，网师对于我有更独特的意义。此刻，我在距离家乡遥远的海南岛写下这些文字，近三年来，是网师陪我走过了远离家乡与亲人的日日夜夜。

八

每一刻兴奋的时辰，必有一份痛苦的付出，对于欢乐来说，这是一份颤烈的比率。纵然平静的喜悦，也必然伴随着漫长的孤寂。

——狄金森

此刻，快要结束这篇叙事时，岁月的年轮已经滑到了 2012 年。

过去的一年还有许多值得记载的事情：在魏智渊老师的介绍下，微博认证了；陆陆续续在报纸上也发了十几篇文章；魏智渊老师对网师的描述和未来的期盼，更加激发了我学习、修炼的劲头，从那天起，我的 QQ 签名就更新为“万分刻苦，修炼，再修炼”；实习支教工作也得到了方方面面的肯定和赞扬；在领导的关心下，也得到了几个大大小小的荣誉；有幸和北京丰台二中的江子兄认识……

回顾一年来走过的历程，首先要感谢我的爱人。一年多来，是她以病弱的身体默默地撑起了家庭，照顾孩子，才能使我在这里安心工作；也是她的不断鼓励和期待，让我不敢懈怠，认真工作，积极学习。

感谢学院各级领导的大力支持，配备了相机、网卡等硬件设施，也给了我充分的信任，让我有放开手脚大胆工作的空间。

感谢五指山教育局张忠局长、黄朝南书记等领导的支持和关心，在工作上，他们从来都是热情帮助，积极支持，我每次到教育局，就感觉像回家一样温暖。感谢潘东生等六位校长大哥，不仅在工作上一如既往地支持，而且对我的生活也给予了无微不至的关心和照顾。

感谢所有实习支教的大学生，他们热情活泼、阳光朝气，模范地遵守各项制度，吃苦耐劳、甘于奉献，优异地完成了各项工作。虽然在工作上是我指导他们，但在生活上，是他们时时刻刻照顾我。很多时候，我在番阳学校住几天，畅好学校的同学就不断催我过去；刚到畅好学校，番阳学校的同学就惦记我何时回去。记得和许环岛等在水满学校吃完饭，许环岛一再给肖传彬打电话说："要照顾好郝老师。"我非常感动。

感谢五指山六所小学的老师们，他们的朴实、真诚，每每令我感动，让我身在南国，但没有异乡之感。吃饭时，我随口说了一句黄蜡石，张国权老师就记在心上，悄悄地把黄蜡石放到了我门口，许多生活细节历历在目，想来感人。

更要感谢干国祥、魏智渊老师，感谢网师，感谢网师许多未曾谋面的老师。是干国祥老师、魏智渊老师的不断勉励，我看到了另外的天空，让自己的生命不断更新；是网师这个虚拟的平台，让我看到了自己另外的可能，找回了久违的"当一个好学生"的感觉。大恩不言谢，就不多说了。

九

> 这就是生活，假如你不想成为随波逐流的浮萍的话。生活的道理已经如此鲜明，所要做出的无非是抉择。
>
> ——狄金森

2011年已经过去了。盘点一年的"收成"，当然希望能在叙事中写出多少沉甸甸的收获或辉煌的"业绩"，但内心的呼声告诉我：你还在路上！这些努力和改变远远没有达到自己的期望。一年中只是保持这样一种状态：沉潜、沉思，如饥似渴地阅读和敞开胸襟地吞吐吸纳。

"尽其心者，知其性也。知其性，则知天矣。"2012年，我期望继续保持行走在路上的状态，不断创造人生新的可能，努力探寻生命的自由。

道狭草木长，夕露沾我衣；衣沾不足惜，但使愿无违……

让生命拥有一个丰盛的季节

——评郝晓东 2011 年度生命叙事

干国祥

虽然明知每一个人的生命及其机缘都是如此地独一无二、与众不同，我总仍会从其他人的生命叙事中，寻找自己有过的记忆，那些或稀薄或浓烈的岁月留影——事实上，如果我不能找出自己和所阅读的生命之间的相似点和差异点，我就无法理解展现在我眼前的年度叙事，无法理解它对于书写者有着何等重大的意义。

生命叙事，并不是一篇文章，而是这篇文章背后的岁月，在岁月中生命的挣扎与突击。生命叙事，总是我们短暂生命中如此重大的章节：在我们能够书写且有意识为自己书写，在我们的精力和意志还没有退化到无力书写的时候，我们能够为自己的一生留下多少这样的篇章呢？十篇？二十篇？

郝晓东的 2011 年度生命叙事，厚重得超过许多平庸者的一生。这是生命额外丰盛的季节，站在冬日落叶的季节，我若回望，依稀看到自己在 2002 年到 2008 年不同时期里的阅读、奋斗、组织、突破……而 2002 年到 2008 年，就是我四十岁左右的一段岁月。孔子云：三十而立，四十不惑。而立，意味着在大地找到一段生存的根据，找到一份可以安身立命的事业；不惑，意味着内心经历种种内外诱惑，而最终明白自己是谁，想要什么……

郝晓东老师的 2011 年度叙事，可以充分地感受到“立”的风格：那种强悍的、强大的、强盛的，在世界中挺身而出，树立起一种标准，发出一种声音。

这是生命的强盛时期，是谓壮年！

一

2011 年，郝晓东之壮，壮在阅读。

细数这个年度阅读史，有狄金森、杜威，从冯友兰到易中天，从钱穆到牟宗三，以及许多职场经典（我们从郝晓东写给自己的师范学生的信中可以看到）……

年度生命叙事，在新教育网络师范学院（简称“网师”）原本叫阅读史。这是因为“新教育网络师范学院”的前身原是“海拔五千读书会”，大家无法在实践和生活上共处一地，所以凭借网络，共读经典。而年度阅读史，就是回顾自己一年中为自己的生命增添进了、贯注进了多少“思力”。

这是一份自觉的阅读史。觉，就是觉醒；自觉，就是逐渐地意识到自己是谁。而这种自觉，是和深度阅读纠缠在一起的：阅读就是明朗，明朗就是阅读。并非明朗了然后去阅读，并非阅读了终于有一天明朗起来。自觉的阅读史，就是在明昧之间，朝向明亮的一隅，通过不无困难的阅读，让自己不断地超越原有的思力，让自己保持在一个不断自我启明的状态。

比绝对的阅读力更为重要（远为重要）的，是借阅读让自己保持在一种灵性的状态中。在这个意义上，一个二三年级小学生在《夏洛的网》或《木偶奇遇记》中的沉醉，比一个能够轻松阅读康德但终于停滞于康德概念的哲学教授，更处于一种“真理状态”，或者说本真的阅读状态。

正是在此意义上，我本人在 2003 年与 2004 年的阅读，远胜过 2009 年和 2010 年，而郝晓东在 2011 年的阅读，也远胜过我的 2011 年——因为我被事务所困，在阅读上无疑停滞不前。所以即便我可以轻松地讲解《道德经》或者

《精神现象学》，但我并没有处于一种阅读的生存状态中。 而郝晓东的 2011 年，在阅读中是如鱼得水的一年，是额外丰盛的一年。

促成这种阅读的，一是网师的交互作用——我们可以发现，郝晓东的阅读源自网师而不止于网师，始终和网师保持着紧密互动；二是海南生活——远离妻女、朋友，在孤独的异乡，在南国的风情中，阅读也往往能够超拔于琐碎生活，更加勇猛精进。 这是一个见山非山的必要阶段，经过这种修炼，才能在平常的生活中，也终不失阅读者、啃读者的本色。

二

2011 年，郝晓东之壮，壮在研课。

课堂是一个焦点，一个教育时间和教育空间相互转换的场。 一切阅读、经历、体验在此转化为同一时空中的能量，而课堂又将沉入课程中，成为岁月的全息截片。 对网师成员而言，一方面是哲学、心理学、教育学、课程理论、本土文化的精研，一方面是自己教室里的教育教学实践，而这两者打通的关键，就是研课。

无论怎样高估课堂与课程、教室与班集体在教育中的地位，都不为过，在相当程度上，我们可以理解为它们就是教育本身。

课堂（无论是语文课堂还是其他学科的课堂），是一个最为复杂的全息点：生活的、表演的、技艺的、高效控制的、诗意存在的……我们对生命或存在的理解，都如此逼真地重现于课堂上，对任何一个方面的强调，就形成了诸如课程论、教学论、师生关系说、艺术说、高效说等不同的理论或诉求。 但最终实现课堂的，与其说是他信奉的某个理论，不如说是这个理论背后那个真实生命的全息经验。

承认教育教学以及语文课程的复杂性，这是新教育网师研课不同于其他流派的一个要点：我们绝对不赞同诸种对教育和课堂的简化之论。

但这也为我们的研课带来了麻烦：我们无法简单地把任何一种理论当成指归进行照本宣科。作为语文研课的主持人，郝晓东的2011年，在相当程度上是被逼上梁山：逼着读前面研课的成果，逼着读王荣生等人的语文课程理论（且须汲取其长避免其短）……

我得承认，2011年研课，远不是网师研课的高峰时期：无论是数量还是质量，都不是。但我更须承认，2011年网师研课调动了更多的“民间智慧”，有许多人走得空前扎实和沉稳。

我想把这一年的研课视为网师研课的一个转型：由深度而到适度。深度留给深度语文，适度则适合所有有志于课堂的人。

这个转换或者转型，是与郝晓东的奋斗与转型连在一起的。2012年网师研课究竟走向何处，这取决于郝晓东和那些最核心的研课团队，在2011年的研课中究竟领会了什么。

三

2011年，郝晓东生命中最重要的事件是他率领一支大学生“远征军”，从山西到海南——你可以视为支教，也可以视为实习，但超越这二者的，是郝晓东在有意识地打造着一支队伍，塑造着一个传统。

毋庸讳言，有许多人加入网师的原因是“生活在别处”的习惯：大家觉得自己的周围（整个社会、整个校园甚至是自己的教室）远非理想之地，只有在网络的彼端，譬如网师，譬如罕台，才是理想中的净土。

这是一种梦幻诗人的习惯：他们更愿意生活在词语中，生活在远方。在许多时候，这种对远方的憧憬让他们创造出诗歌，但如果换一种职业，让他们成为农人或教师，则多半是引发一场灾难——尤其当他们面对的是必须细心呵护的小学生的时候。所以在优美的教育文字与理想主义的口号下，有可能是一塌糊涂的教育事实，是对应试教育的一半憎恨一半妥协……

无论郝晓东在此之前是一个浪漫者、理想者或者现实者，但毫无疑问，2011 年的郝晓东，是一个“魔鬼在细节”的领导者，一方教育沃土的缔造者、守护者。小到一间教室，一门学科；中到一所学校，一支远征的队伍；大到一乡一市一邦一国……谁能够承诺：我在，它不会因此而黯淡，而遮蔽?！

无论郝晓东借网师读了多少经典，无论郝晓东在网师主持、研过多少课，假如这一切最终不能转化为教育土地上的成就，那么郝晓东就仍然活在网师的最本质的精神之外。

而值得我们所有同行者学习的是，我们在这一年的叙事碎片中确实能够窥见网师的课程（无论是阅读还是研课）在相当有效地转化为教育成果!

最终，五指山支教团队能够书写怎样的故事，这是我们无法梦想与期望的，而且在今天这个时代里，类似这样的团队的成就最终更多地取决于“天意”。但我可以完全有把握地说：网师修炼和五指山支教，将最终成为郝晓东教育生涯的一个转折点!

四

我说的是转折点，而没有说高峰，是因为我还有更高的期望。

毫无疑问，2011 年前后，郝晓东的生命处于一个丰盛的季节，就像四季中的盛夏与初秋，那样浓烈的绿与那样浓烈的黄。但是，如果急于采摘，就会让整个四季的整体质量受损——我的意思是，要把它视为一个台阶，在三十而立之后，再进入不惑，再进入知天命……这个丰盛的季节不应该是最高点，果实还未收割，谷粒在未来收割之后，还得进行曝晒与碾磨、揉打与烘烤，然后，我们才能品尝到生命最深处的芬芳与滋味。

第六章　自卑与超越

自卑是儿童人格发展的基本动力，是人类的本质属性，是人深层的心理动力。用错误的超越方式来补偿自卑是许多问题儿童产生的根本原因。幼年时期是整体人格形成的关键期。幼年的经历对儿童的一生有决定性影响，一个人的整体人格基本在3—6岁的时候就决定了。整体人格并不是建立在客观事实的基础上，而是建立在个体对生活事实的主观看法的基础上。认识和理解决定了整体人格，整体人格又影响了认识和理解。如果把构建整体人格比作建设一座大厦，遗传因素和客观环境就是砖头、水泥等建筑材料。最重要的不是一个人拥有什么样的建筑材料，而是他怎样使用这些建筑材料。

自卑是人格形成的内驱力

教育的功能是育人，学校应该致力于培育健康、丰盈、饱满的灵魂，而不应该窄化为简单的应试。古今中外的教育家（心理学家）对“教育应该培育出怎样的人”都提出过不少真知灼见：孔子认为教育的目的在于培育出有道德修养的君子；苏格拉底认为教育应发展人的智慧，完善人的道德；苏霍姆林斯基认为教育的目的在于培养全面和谐发展的人和社会进步的积极参与者；怀特海认为教育的目的是使人具有活跃的智慧。阿德勒虽然是心理学家，但他非常关注教育问题，在对人性和生命发展深刻洞悉的基础上，他提出教育应该努力培养人良好的整体人格。

人格主要指一个人所具有的与他人相区别的独特而稳定的思维方式和行为风格。有的人自卑、悲观；有的人自信、乐观；有的人内向、寡言；有的人外向、善语。同样的困难处境，有的人积极应对，有的人消极躲避，这些都是不同人格的体现。好的教育应该致力于培育人良好的整体人格，一个有良好整体人格的人才可以说是一个健康的人，一个健康的人才能合宜地应对人生中的酸甜苦辣、阴晴风雨，才能有益于社会，才能探寻到人生的幸福。

良好的整体人格是如何形成的？是先天遗传，还是后天环境影响？

良好的整体人格与这二者都有关，但也不是简单地由某一方面全部决定。基因遗传是整体人格形成中的重要因素，婴儿在出生时，就会表现出不同的气质，有的比较急躁，爱哭爱闹，不好护理，而有的比较温顺，平静温和，好护理，但没有哪个人完全是按照基因图谱规定的固定路径来成长发展的。成长环境当然也有重要作用，父母教养比较民主，则孩子独立、机灵、善于与别人交往协作；父母过于严厉，经常打骂，孩子则顽固、冷酷无情、倔强或缺乏自信心及自尊心，但人也不是绝对被外界环境塑造的。人格主要是在人与社会文化环境的交互作用所形成的一个复杂的因果活动过程中得到发展，换句话说，人格的形成是先天的遗传因素和后天的环境、教育因素综合作用的结果。

关于良好整体人格的培养，阿德勒提出几个主要观点：

1.整体人格并不是建立在客观事实的基础上，而是建立在个体对生活事实的主观看法的基础上。认识和理解决定了整体人格，整体人格又影响了认识和理解。

2.自卑是人格形成的内驱力，是人类的本质属性，是人深层的心理动力。

3.**幼年时期是整体人格形成的关键期。幼年的经历对儿童的一生有决定性影响，一个人的整体人格基本在3—6岁的时候就决定了。**

一、自卑的内涵

阿德勒提出的“自卑”与我们一般理解的“自卑”一样吗？既有相同处，但也有差异处。

阿德勒提出的“自卑”源于两方面：一是自我与他人的相互比较中；二是生命自身的有限性，或者说无能感。我们常说的“自卑”，是指在自己与他人的比较中，产生的不如人的感觉。比如，一个学习比较优秀的孩子，在农村薄弱学校中，与其他学习差的同学相比，会感到自信；而当到了城区优质学校后，与那些学习棒的同学相比，就会感到自卑。

阿德勒所认为的自卑，除了包含这层含义，还源于他对人性深刻的领悟，即自卑源于人对自身有限性的觉察。每个人都会自卑，在幼年成长中，由于幼小、柔弱，不能独立应对生活的挑战，面对世界就有一种无能感，离不开父母的照顾和关怀，这就必然给其心理造成自己娇弱、渺小、无力、无能的主观印象，意识到自己能力的有限，于是就会产生自卑感。

不只儿童，即使成人也能体会到这种无力、无能的有限感。如苏轼泛游在浩渺的江面上，面对浩瀚的宇宙所感慨人生的有限性：“寄蜉蝣于天地，渺沧海之一粟。哀吾生之须臾，羡长江之无穷。”与我们理解的自卑相对应的概念是自信，而与阿德勒提出的自卑相对应的概念是超越。

因此，自卑既不是一个褒义词，也不是一个贬义词，而是一个中性词。它是生命成长过程中必然产生的一种心理。自卑与超越是同一现象的不同表现形式，如果正确对待，自卑会成为追求优秀、激励奋斗的驱动力；如果错误理解，自卑就会成为阻碍生命成长发展的绊脚石。

二、自卑是一种感觉

（一）引发自卑的不是事实，而是个体对事实的感觉或者看法

有人认为自卑来自遗传，其实，这种观点站不住脚。父母胆小怯懦，他的孩子也可能胆小怯懦。不过，这并不是因为遗传，而是因为他在充满怯懦的环境中长大。家庭环境和父母的性格特征对于孩子的成长和发展极为重

要。那些在学校里独来独往、落落寡欢的学生经常来自那些与人交往甚少或没有交往的家庭。

当一个孩子在与其他同伴游戏竞争中经常失败时，当父母经常指责孩子“你真笨”时，当一个孩子意识到自己是被亲生父母遗弃时，当父母经常以优秀的“别人家的孩子”来与自家孩子对比时，当父母对待女儿表现出明显的“重男轻女”倾向时，都有可能在孩子的内心造成自卑的阴影。但这些情况不代表必然引发自卑，在游戏竞争中失败但依然没有失去信心，父母指责“你真笨”但自己还能取得优异成绩，孩子意识到被亲生父母遗弃但在养父母那儿得到深深的母爱和父爱，父母“重男轻女”但自己并未在意，如果是如此，那么就不会产生自卑感。

先天的生理缺陷也会造成儿童深深的自卑。有生理缺陷的儿童无法完成正常人能完成的事情，容易成为“另类”而被同伴等人忽视、嘲笑、歧视。他们期望关注但往往被忽视，渴望鼓励但往往受嘲讽，这就造成他们缺乏与人主动交往的信心与勇气，对他人的言行、态度特别敏感，极端者会特别仇视他人，仇视社会。但如果儿童能接纳并坦然面对生理缺陷，且在其他领域取得了常人难以企及的成就时，也不会自卑。阿德勒就说：“健康的灵魂也完全可以寓于有缺陷的身体之中，只要这个儿童能够克服身体的缺陷，勇敢地面对生活。”

不当的家庭教育方式容易引发自卑感。比如父母对待孩子过度溺爱，或者过度严苛，都会剥夺掉孩子自主发展的机会，削弱孩子自主发展的能力，使孩子产生“我是不是什么都做不好”的自卑心理。但孩子如果能超越父母教育的局限，主动严格要求自己，相信自己，也不会自卑。

阿德勒说：“儿童在情境中获得印象的强度和方式，绝不取决于客观的事实或情况（如另一个孩子的出生），而取决于儿童看待和判断事实或情境的方式。”一定要明白，自卑感主要源于心理感觉，而不完全是客观事实，即儿童在成长过程中，由于真实的或想象的情形，感到不完美却无法弥补的无力、无能和无知感。

（二）自卑性与自卑感

为了更清晰理解自卑，现引入“自卑性”和“自卑感”这两个概念。所谓“自卑性”是指长得不好看、个子矮、胃肠不好等与弱势点有关的具体事实。而“自卑感”是一种主观感觉、主观认定，主观认为自己不如人。也就是说，一个儿童即使没有具体的“自卑性”，只要自己感到低劣，就会产生“自卑感”。相反，即使有“自卑性”，但只要不觉得低劣，就不会产生“自卑感”。由此可见，“自卑感”说穿了就是一种主观的认定。例如，明明别人都认为你很瘦，你却觉得自己很胖，这种自卑感就来源于主观的认定，而不完全是事实。

理解这一点对培养儿童的健康人格至关重要。儿童在认知上还稚嫩、不成熟，成人的评价和引导对儿童是否有自卑感有重要的影响。比如一年级的孩子，成绩虽然是90分，但排名可能会在30名，老师和父母如何评价，将对孩子的内心产生重要影响。如果持积极的观点，满分100，能考90分，这表明孩子非常优秀，如此评价会激发孩子的自信心和自尊感；但如果持消极观点，认为全班60个孩子，排名第30名，觉得差距很大，如果这样评价，就很容易造成孩子“我不如他人”的自卑感。

（三）为什么同一家庭的孩子也有大的差异?

儿童实际的出生顺序并不重要，重要的是他对自己在家庭地位的理解。阿德勒说：“对一个人做出判断之前，必须了解他的成长环境，而成长环境中有一个因素非常重要，那就是儿童在家庭中的地位。”

我们以长子、次子、幺子和独生子为例来分析。

长子通常都性格保守，有责任感，相信权力，崇奉规则和法律，要么强大，要么平庸。长子曾经是家里的唯一，作为家中最先出生的孩子，享有地位优势，如继承家业，还享有一段为我独尊的时光。次子的出生使情况发生了改变，长子会认为他分走了父母对自己的关怀和宠爱，心生嫉妒，因而会想方设法地争宠。如果次子更有活力和竞争力，对长子会有很大影响，要么长子更强大，要么放弃希望，莫名其妙地懒惰（因为他感到自己没有能力和弟弟妹妹竞争）。

次子往往喜欢冒险和挑战，喜欢新生事物。次子出生时前面已有哥哥或姐姐，需和另一个孩子分享关爱，因而比长子易与人合作。然而，他在童年时期，总有一个竞争者存在，因而他总是鼓足干劲，想要获取优势地位。

幺子往往有依赖性，独立性差，幼稚贪玩，也容易反抗叛逆。幺子是最小和最弱的，往往会得到父母和哥哥姐姐的关爱与庇护，成为最受宠爱者，但因为上面有哥哥姐姐，所以从小就有许多竞争者。在这种特殊的情境中，一方面，幺子通常都想超过所有的哥哥姐姐，他夜以继日，从不停息地提高自己的能力，满足想要战胜任何人的欲望，成为家中成就最大的人；另一方面，他们可能遭遇竞争挫折，丧失信心，逃避责任，变得怯懦畏缩，而不是如何克服困难。

独生子女，是家中唯一的孩子，集万千宠爱于一身。这样的成长环境很有可能会使他们以自我为中心，缺乏同理心，缺乏独立性，遇到困难便心生恐惧，手足无措。但也可能因为没有其他兄弟姐妹可以依赖，而非常有独立性。

三、自卑感也不是那么可怕

既然自卑对人格完善有如此负面作用，是不是我们应该完全拒绝、否定自卑呢？

不是这样的。阿德勒对此有深刻的洞悉，他认为，自卑感是人的本质属性之一，人无法完全拒绝自卑感。如果正确对待自卑感，也可发挥其正面作用。自卑感固然会引发人的消极、悲观、沉沦，但自卑感也会激发人的积极性和进取心。因为自卑，所以超越，正是从这个意义上，我们说自卑是人格形成的动力之一。

自卑感是人的一种生存情境。人因自卑感而产生紧张感，故而要通过努力补偿来摆脱它。自卑感是人类处境得以改善的动力之源，人类没有猛虎的凶猛，没有猴子的敏捷，没有犀牛的强悍，不能像大雁那样遨游天空，不能像鱼儿那样畅游江河，不能像羚羊那样奔驰草原，所以人类才发明了武器、飞机、汽车、轮船等工具以弥补人之局限，才有了科技的发展和社会的进步。某种程度上说，自卑感是人类进步的主要动力。

从人成长来说，适度的自卑是有好处的。因为自卑，所以人才追求优越。其实，自卑感与追求优越是同一现象的不同表现形式，人一旦体会到自卑感，就会力求补偿此不足而获得优越感，并力求完善。当一种补偿得以完成时，个体会发现新的自卑，受到新的优越目标的牵引，从而向更高的优越努力，如此持续不已。一方面感到自卑，一方面又有优越目标的引导，在这种一推一拉的过程中，人格才得以发展。

既然自卑感有如此正面的作用，是不是应该主动培养孩子的自卑感?

这是错误的。因为**自卑感是一把双刃剑，适度的自卑会激励儿童追求优秀，但过度的自卑（特别是形成自卑情结）会抑制儿童奋斗的信心。在现实中，许多父母和老师的错误做法其实已经给孩子造成自卑情结，比如一味批评孩子成绩不够好，做题不够快，表现不够好，等等。一味地指责、嘲笑孩子，就会造成孩子“我很差”的自我认识，这种错误的自我认识会直接导致孩子的错误行为方向。**

需要特别说明的是，在人格形成的关键期——幼儿园和小学，成人往往把信心、勇气问题看作遗传问题。其实，孩子不敢在大众面前表达、不愿意学习、不喜欢读书，不是先天遗传或能力不够，而是儿童在这些方面缺乏信心从而产生畏难、逃避心理。所以，自信心和自尊心对儿童健康成长非常重要，**让孩子产生“我不差、我很棒”的自我认识，这很重要，至于儿童是不是真的棒，这并不重要。**

阿德勒高度重视对孩子自信心的培养。他说：“一个被剥夺了对未来信心的孩子就会从现实中退缩，就会在生活中无益和无用的方面追求一种补偿。教育者最为重要的任务，或者说是神圣的职责，就是确保每个学生不会丧失勇气，并使那些已经丧失了勇气的学生通过教育重新获得信心。这就是教师的天职，因为只有儿童对未来充满希望，充满勇气，教育才可能成功。”

对此，干国祥老师也说：“一个人若没有从精神生活和智力活动中克服困难、获得成就，就不可能拥有自尊、自信和对劳动/学习的渴望。一个人若没有自尊、自信和对劳动/学习的渴望，就不可能从精神生活和智力活动中克服困难、获得成就。”

然而，在儿童发展的关键期——幼儿园、小学，现实中的教育往往强调比较、竞争，通过各种排名来给儿童的心理制造自卑与恐慌，打击大多数排名不靠前的儿童的自信心与勇气。那么，是不是对于孩子的不足、缺点就不能批评指出呢？是不是一批评就造成自卑呢？不是这样的。正确的做法是把人和事区分开：对错误零容忍，对灵魂无限关怀。而**不要把“有问题的孩子”当作“问题孩子”，不要在批评犯错误的孩子时，直接否定了本人。**这样，否定的不只是孩子的错误，而是孩子的未来。中小学老师要平衡知识与兴趣、分数与习惯的关系，避免重视了知识落实而打击了学习兴趣，重视了分数提高而忽视了习惯养成。

四、担忧的不是自卑，而是自卑情结

我们通常会将“自卑情结”与“自卑感”混为一谈，阿德勒对此做了更为明确的区分。阿德勒不完全否定自卑，他否定的是自卑情结。自卑是心理现象，自卑情结是心理问题。

什么是自卑情结？阿德勒说：“当自卑感阻碍了这种富有成效的追求，或当它由于对器官缺陷的反应而加剧到令人难以承受的程度时，它才会是心理问题。”“自卑情结是一种过度、过分的自卑感。”“这些儿童在患病期间形成的失败感和由这种失败感而产生的悲观的人生态度，即使在病愈之后，仍然继续保持了下来。”

通俗地说，自卑情结就是曾经引起儿童自卑感的事实已经不存在了，但内心的自卑感却根深蒂固地保留下来，内化到儿童的行动模式中。一个有自卑情结的儿童，会以各种借口逃避人生中的各种难题：“都怪父母遗传给我一个不够聪明的脑袋”，“因为家境不好，导致我的个性比较沉闷”。所以不健全的心态不是“自卑感”，而是“自卑情结”。

有自卑情结的人，由于没有办法肯定自己的价值，往往过度地寻求他人的关注，来获得对自我价值的肯定，他们做事害羞、胆怯、犹豫不决，不敢有自己的主见，不愿意承担任何个人或与工作相关的责任，不愿意、不敢主动与人交往；或者相反，表现出异常的争强好胜，经常贬低别人、抬高自己。

我的一个同事，她非常苦恼自己做事不敢坚持自己的观点，总是顺从他人。在找男朋友的标准上，她说“其他条件都不重要，重要的是他要对我非常好”，然而，在具体相处的过程中，她又非常敏感、脆弱、挑剔，经常抱怨对方，导致处了几个男朋友都不欢而散、无果而终。其实，这是因为自卑情结在作怪。

了解了她的成长情况，就可以理解这种自卑情结是如何形成的。她从小长在农村，在家排行第二，上面有一个姐姐，下面有一个弟弟。她说，从小到大，父母对她总是指责、埋怨、嫌弃，家庭没有给予她充分的安全感。这样的成长环境，让她在内心潜藏了深深的自卑：内心非常脆弱、敏感，总感觉自己不如人，无论做什么事都特别在意他人的看法。所以她学习特别刻苦，一直想用优异的学习成绩来证明自己。对于她而言，在得知考上重点高中的那一天，是她终生难忘的时刻，因为她终于证明了自己不比他人差，而且父母对她的态度也开始发生了变化。后来，她顺利考上大学。人生轨迹发生改变，但幼年烙印下的自卑情结深深潜藏下来，并悄然发挥着作用，影响着她的心理状态和行为模式。

从小生长在贫困家庭的孩子，容易产生影响终身的自卑情结。贫困家庭处在社会阶层的最底层，长期的经济困难往往会导致父母产生自卑心理，孩子从小在言行举止、思维认识上必然受到父母自卑心理的影响。孩子在幼年时期基本的饮食、衣着、学习生活用品都不如其他同龄伙伴，心生艳羡但得不到满足。这些因素均会给孩子从小埋下一颗自卑种子，并容易成为影响终身的自卑情结。贫困家庭的孩子成年后，即使经济条件、文化水平都得到提高，原来导致自卑的事实已经消除，但自卑心理已经根深蒂固，终身都会缺乏安全感。

自卑的孩子长大后表现为两种情形：一种是性格怯懦多疑，敏感且特别在意其他人的看法；与人交往不敢坚持自己的观点，交流时退缩屈从；嫉妒心强，看不得别人比自己好，比自己强，不会从内心对同伴的成就和成绩表示祝贺与欣赏。另一种表现是刚愎自用、自私自利，说话咄咄逼人，只能听进顺耳、表扬的话，听不得一点批评意见，他人往往不经意的一些话语和表情都会认为是看不起自己；对钱财特别贪婪，对权力特别渴望。特别严重的表现为残忍，敌视他人，仇视社会。

为什么要特别重视自卑情结呢？ 因为自卑情结的存在往往意味着一个恶性循环的出现：一个自卑的人想努力摆脱自卑，但他所采用的方式却只能使他的努力失败，从而加重自己的自卑。 于是一个循环又出现了，并不断重复下去。

因为自卑，所以超越

阿德勒说：“儿童在某种环境中，感受到了自卑、脆弱和不安全，而这些感觉反过来又对儿童的心理产生了刺激作用。 儿童便下决心摆脱这种状态，努力达到更好的水平，以获得一种平等甚至优越的感觉。”

因为恐惧，所以追求安全；因为饥饿，所以追求温饱；因为自卑，所以追求超越。 追求超越，是指人人都具有的追求完善、卓越、成功与向上的倾向，和为了成功诉诸行动的行为过程。 为了克服自卑，一个人会通过追求超越来实现人生完美的发展目标。 阿德勒认为，自卑与超越，是同一心理现象的两个方面，是人的两个本质属性。

因为自卑，所以追求超越，但不同的儿童追求超越的方式不同。 如果把人的成长比作一辆车在行驶的话，追求超越给车提供了“发动机”，但车往哪条路上走，这是由驾驶车的司机来确定的。 心理健康的儿童会以正确的、积极的、符合社会标准的方式来追求，表现出刻苦的态度，努力学习，通过取得优异的成绩来获得同伴和成人的认可与欣赏；或者表现得特别乖巧、懂事，以此获得老师、父母的夸赞。

儿童往往因为年龄幼小，缺乏成熟的判断和理性的思考，从而不懂得用恰当的目的和方式来追求超越。比如，有的儿童希望超越于其他同伴，但他没有通过恰当的方法和途径，而是采取错误的方式，给同伴制造麻烦，泄露同伴隐私，贬损同伴，考试作弊，等等，或者沉溺于妄自尊大的白日梦，“吃不着葡萄说葡萄酸”，在现实之外去寻找精神上的满足和陶醉。有的儿童希望引起老师的注意，成为其他孩子的崇拜对象，但他不是使自己优秀起来，而是用顽固、无礼，甚至对抗、破坏来获得关注，如挑战老师的权威，沉溺网络游戏，打架斗殴、考试作弊，或穿着奇装异服。还有的用懒惰来追求超越，后面选登了干国祥老师的文章，有详尽精辟的分析。

春风化雨（网名）老师记录了她在成长中曾经用错误的方式来追求优越的故事。

记忆深处有一次内心极为无助。初中第二学期转学到中心中学本来是满心欢喜的，村校的环境早已使我心力交瘁。这个环境指的是极差的班风。我满怀期待一个崭新的开始，没预料到的是，更为残酷的现实等待着我。

教室里一个小小的角落便是我的位置，没有朋友，感觉自己像是一个异类，一切都是陌生的。我不能适应环境，不懂得如何和别人交朋友。关键是，我受不了在这个班里竟然有人比我聪明好多。不知道为什么仅仅一个学期的时间，他们怎么会超我这么多？很想回家，很想回原来的学校。父亲说：“可以，但要你自己去跟校长讲。”我没那个胆量，便想到了另外的办法。我故意不听讲，成绩下滑，父亲肯定会关注我的，毕竟他是我的亲爸爸，不会看着我堕落。但是，我想错了，父亲甚至没有找我谈过一次话。第一次，我感到无比的失落和无助，好像跌入了深深的山谷，感觉整个世界都塌陷了。成绩直线下降，初三第一学期期末数学 23 分，我几乎崩溃。我认为，这个世界没人爱我。从此，我拒绝了整个世界。

以错误的、消极的、不符合社会标准的方式来追求超越，就会付出成长的代价。春风化雨老师还算幸运，毕竟很快回到正路，在学习上努力刻苦，找回自尊、自信，而不少孩子却走上歧路，甚至归附于社会上的不良组织。

教育的价值就在于引导儿童以正确的、积极的方式追求超越。

栀枝子（网名）老师记录了她在教育中引导孩子用正确的方式来追求超越的例子：

我在教课的过程中，无意中发现一个孩子把我给的学习成绩都用涂改带涂了，模仿我的字体，把“良”改成了“优”。我立马想起来自己在上节课说，我会根据学生的学习成绩来做最后的评定：如果“优”多，最后的成绩就是优；如果“良”多，就是良。

看来这个孩子还挺上心的，我在学习了阿德勒的理论之后，感觉这个孩子出于自卑，以不符合的社会标准来补偿自卑、追求优越，也就是这种超越的方式出现了问题。如果在以前，我肯定认为这个孩子的行为不好，但是现在，我想：我应该引导这个孩子找到适合他的超越方式。

我找到这个孩子，跟他谈心：“你看这是你改的吗？”男孩低下头小声说：“我不小心改的。”“什么叫不小心？”他一听这话，拿起学习目录册就想走，对我说：“我改过来吧。”我拉住他，耐心地说：“等等，说说你为什么改？告诉老师你的想法，我说不定能帮助你。”他吞吞吐吐地说：“想得优。”我拍着他的肩膀说：“多好的想法啊！你有一颗上进心，这点值得表扬。但是你用的方式你觉得有问题吗？”他不好意思地挠着头说：“不应该改成绩。”我笑着问他：“你有什么好办法吗？”他说：“没有。”我试着问他：“我看了你的作业，只有两份是良，其实你不改成绩，最后的总评也会是优，但是既然你追求完美，有上进心，你可以把这两份作业拿回去，重新画。这两份作业你不是画不好，而是没有用心，这是学习态度问题。你尝试着用心画画，如果哪里有问题，随时可以找我，你看怎么样？”他使劲地点了点头，高兴地拿着两张画和两张白纸走了。

我松了口气，还好自己没有对这个孩子的品质有任何评价。一周过去了，这个孩子没有找我，我确实有点心急。第二周的时候，他拿着画好的两张画给我，从画面构图、构思、涂色都很用心。我欣赏地看着他："好好努力吧，你有这份能力，不用其他方式，就用你的实力去证明就好，任何时候都要用正确的方式却处理遇到的问题。"他终于笑了，使劲地点头。

幼年是人格形成关键期

一、"问题儿童"的"问题"是什么

在阿德勒看来，所谓的"问题儿童"，就是采用错误的方式来追求优越的学生。 阿德勒说："是我们对事实的看法，而不是事实本身，决定我们的行动方向。"造成"问题儿童"的原因也不是外在事实，而是这些儿童对这些外在事实的看法。

这些"问题儿童"也有强烈的追求优越的心理动机，想得到老师的关注与认可，想得到同学的尊重与崇拜，想成为一个优秀的人。但他在学习上遭遇了挫折，或者努力但无效果，或者根本没有努力，他感觉通过努力学习等这样的正确超越方式得不到老师足够的关注，也赢得不了同学的认可，体会不到努力带来的自尊和自信，感受到的只是来自他人的忽视和歧视。于是，他开始不断尝试其他方法，不断捣乱戏谑，引人发笑，激怒招惹同学。在不断制造麻烦的过程中，引起了老师和学生的关注，甚至受到一些同学的崇拜（敢于破坏秩序，挑战权威），从而满足了受忽视的心理。渐渐地，他开始逃课，与社会上的无业青年混在一起，他感觉，在那儿获得了归属，得到了认可。

本来，孩子应该从在校学习中获得自尊与自信，但学习恰恰是许多孩子产生自卑的主要来源。要避免产生“问题儿童”，关键在于引导孩子以社会认可的、正确的方式，特别是促进孩子在学业上的成果来追求优越、补偿自卑。

孩子的心智成熟是有快慢之别的。慢，不代表差。只要大人们能一直欣赏、鼓励、陪伴、帮助，虽然慢，但总有一天也会抵达远方。但在以试卷分数排名的情况下，慢就成了错，成了需要解决的问题。父母的指责代替了欣赏，催促替代了期待，惶恐替代了美妙。稚嫩的孩子在迷茫、恐惧中失去了自我，被动地迎合大人们喜欢的分数。岂不知，丧失了欣赏与等待，就丢失了教育最有利的武器。

儿童学习困难，落后于别人，原因大部分都在于在童年早期所受的教育和他周围的条件不够好，没有得到这个时期所应得到的“营养”。儿童正是从1岁到七八岁，变得头脑迟钝的。

老师本质的工作是育人，而不是把自己脑袋里的知识搬到学生的脑袋里。教育的核心，就其本质来说，在于让儿童始终体验到自己的尊严感。

要想避免孩子成为“问题儿童”，父母与老师首先要把儿童看成活生生的人，跟儿童建立融洽的亲子关系、师生关系，用我们的力量、我们的思考、我们的明智、我们的信念和我们的情操去鼓舞儿童的思想和情感。融洽的亲子关系、师生关系要建立在丰富的精神财富基础之上，缺乏这种精神丰富性，就会变成一种庸俗的亲昵关系。

激发孩子的学习愿望，要尽最大的力量来激发学生学习的信心，要百倍小心地呵护学生的自尊心。让孩子在学业上体验到尊严感，从而让孩子从内心渴望成为一个有着高尚的志趣、激情和不断取得进步的人，让孩子感到能够给自己的亲人(妈妈、爸爸)带来喜悦是一种能力，一种美德。

孩子的学习愿望从哪里来?

学习愿望并不取决于孩子的任何天赋才能，而是要在日常劳动中、在克服困难中逐步培养出来的一种品质。 要培养孩子的学习愿望，老师需要从以下几方面努力。

1.老师本人对教育工作要充满热情，对所教知识不能抱冷淡的、缺乏热情的态度；老师要努力在课堂上创造一种精神振奋、生气勃勃的氛围。

2.老师在备课的时候要把注意力集中在最难的“难点”上。 教师不要把“难点”都化为极其容易的东西，因为这会给学生造成一种印象，似乎教材里并没有任何复杂的地方，一切都很容易，不需花费特别的努力就能掌握的。学习中缺乏挑战，也就建立不起孩子克服困难后的自信心。

3.教师要以学生的眼光来看自己所讲的话，考虑自己的话应当在学生身上引起什么样的情绪。 多一些鼓励赞赏，少一些讽刺挖苦。 即使是批评，也要把人和事区别开来。

4.应当创设条件让学生在课堂学习中产生良好的情绪感觉，即从学习中得到满足感、从掌握新知识的紧张学习中得到健康的疲劳感。

5.最主要的是老师要帮助学生在学习中获得成功的体验。 让儿童看见和体验到他在学习上的成就，使知识、智力的丰富性成为学生个性的自我表现。不要让儿童由于功课落后而感到一种没有出路的忧伤，感到自己好像低人一等。

6.不要用单一分数来评价学生。 分数不能完全反映孩子的道德、情感、认知等，以单一的分数来评价是没有把学生看成是多种特征、品质、才能和爱好的和谐的统一体。

7.教师要合理运用评价（考试），培养学生的自尊感、自我肯定。 合理评价（考试）的前提是教师能判断出每一个学生在此刻能够做到什么程度，如何使他的智力才能得到进一步的发展；评价（考试）的关键是，根据每个学生的智力水平给予适宜的作业，让每个学生都能享受到脑力劳动中成功的乐趣；评价（考试）的最终效果是让儿童感受到努力学习给他带来了精神上的满足和有所发现的欢乐。

8.老师不要忽视活生生的个体生命，而迷信所谓的教学方法来一劳永逸地解决教学中的问题。如果没有激发学生学习的积极性，再好的方法也是“放在工具盒里的工具”，只是一堆“金属”而已。进一步说，教师除了掌握好的教学方法，更重要的是要在教育中倾注自己的智慧、自己活的思想。

二、民主型养育方式，有助于培养孩子的健康人格

阿德勒认为不同的家庭文化环境，不同的教育方式，会对孩子的整体人格产生不同的影响。为了清晰理解，我们划分了几种类型，来谈谈教育方式与孩子人格的关系。当然，大多数家庭是这几种教育方式的综合，只不过侧重不同。

第一种是专制型。父母对孩子严厉管教、过分苛刻，倾向于训练而不是教育，把体罚视为必要的纪律和训练，用无穷尽的指示和不断的提醒指导监督孩子。父母和孩子长期处在一个强迫和抗拒的循环之中，无法解脱。在专制型家庭中成长的孩子有深深的自卑感，要么认为自己很无能，习惯听从别人的指示，形成温顺窝囊的性格；要么感到无助和受到不公正的对待，怨恨父母，主动反对，公然挑战，与父母进行语言对抗，或者为了逃脱惩罚而可能说谎。

第二种是溺爱型。父母对孩子过分溺爱，娇宠过甚，唯恐孩子受到一点委屈、挫折；对待孩子像对待老板，自己像个仆人和奴隶，任何事情都给孩子包办代替；一味满足孩子的要求、脾气和冲动，给孩子各种礼物、特权和服务，而不考虑孩子的实际需求。在溺爱型家庭中成长的孩子也会产生自卑情结，感觉“爸爸妈妈都替我做了，是因为我不行”。这样的孩子总是期望毫不费力地得到一切，把他人视为快乐和舒适的供给者；在性格上爱发脾气，专横

跋扈，缺乏界限感，甚至富有攻击性。

第三种是放纵型。 父母总是不在家，总是很忙，家境很穷或很富，缺乏对孩子的陪伴，忽视孩子对情感的需求。 对孩子的优点觉得理所应当，缺乏鼓励；对孩子的缺点和错误不断强调、放大，而且经常拿别人家的孩子来对比。 在这种放纵型家庭中成长的孩子，感受不到来自父母更多的关爱和关怀，长此以往，孩子的内心就会形成一种错误的自我判断：“我缺点很多，比别人差，不值得爸爸妈妈用更好的方式来对待我，我不值得被爱。”孩子长大后可能一生都在寻找被呵护、爱护的安全感，但因为缺乏与别人建立亲密关系的能力，所以也很难与他人建立起良好的情感关系。

第四种是完美型。 父母是完美主义者，只认可孩子的成绩，设立过高的标准，对孩子的成就永远感到不满意，习惯拿其他优秀孩子的成绩来与自己孩子对比。 在完美型家庭成长的孩子因为始终被父母的高标准要求，要么奋发向上、出类拔萃；要么陷入自卑情结，感觉自己总是不如人，没有自信，甚至会完全放弃努力。

除了以上几种不科学的养育方式，还有几种特殊情况。

如在一些离异、婚变家庭，父母拒绝认可孩子，把孩子当作累赘和负担，孩子从小受到深深的伤害，感到孤立无助、焦虑。

有的儿童体弱多病，父母对健康过于关注，家庭笼罩着一种焦虑和担心的气氛。 孩子会因为小问题而被要求待在家里不上学，还可能不做作业。 在这样的养育方式下，孩子期望从父母那儿获得同情和关爱，总是担心健康，把注意力都集中在身体和器官功能上，夸大自己的病状，借以逃避正常的任务。

有的家庭经济困难，父母过早地要求孩子承担过多的家务，孩子只知道劳作和责任，而忽视其他方面的成长，错过正常的和无忧无虑的童年。

以上种种家庭教育方式都存在这样或那样的不足。 我们倡导的教育方式是民主型。

民主型教育方式，即父母思想开明，做事民主，对孩子慈爱呵护，但对错误严厉批评；认可孩子的独特性，尊重孩子和平等对待，鼓励孩子纠正错误和发展能力，给予孩子合理的成长挑战，允许他按照自己的速度成长。在这样的家庭中成长的孩子有充分的安全感和被认可感，不害怕尝试和失败，能以友善的眼光看世界。

民主型教育方式有哪些特点？

第一，孩子取得成就时，多鼓励，少表扬。**当孩子做了好事，或者取得成就时，**大多数父母会说“你是个好孩子”“你真棒”“你真聪明”等表扬的话，但**民主型教育方式的父母则是给予鼓励而不是表扬，聚焦努力而不是聪明。父母会明确、详尽描述孩子的努力过程，对孩子的努力和成就表示欣喜和赞赏，让孩子感到父母对他的努力是承认、尊重和理解的。**为什么不表扬孩子聪明？因为表扬努力，可能会激发孩子在面对艰难任务时更加锲而不舍；而表扬孩子的聪明，很可能会造成孩子不大愿意接受有挑战性的任务。过度的表扬会让孩子产生依赖，甚至焦虑心理，把外在的评价和看法作为自己做事的动力和方向，失去了自主自立。

第二，孩子犯错误时，多指导，少批评。大部分父母在孩子犯错误时，往往容易把积累的怨气撒出来，并潜在地认为这是批评的好时机，所以开始喋喋不休、滔滔不绝，甚至上纲上线地批评、指责、辱骂。但岂不知，当孩子犯错时，本来是把事情做错了，但父母不假思索地指责和辱骂会让焦点从事转向人。许多孩子与父母的顶嘴就是在这样的背景下产生的。正确的方式是对错误进行指导，提出可能解决问题的方法或策略。其实，**当孩子发生小的意外时，恰是给孩子传授价值观念，指导行为方式的契机。人正是从一次次犯错中才成熟的，**一味地批评孩子，还会给孩子带来不良的心理暗示：我不行，我总是不如人，我没有任何价值，是不是他人总对我反感。我不行，这不要紧（还有改变的可能）；我认为我不行，这才是最担心的。

第三，不给孩子许诺，也不逼迫孩子许诺。许多父母习惯给孩子许诺，“如果你考试得了100分，周末就带你看电影”“如果帮忙打扫卫生，就奖励你五元钱”等。这种“如果……就……”的方法偶尔会激励孩子的努力，但很少能鼓励孩子长期努力下去。因为在良好的家庭文化中，父母与孩子的关系应该建立在彼此信任的基础上，而父母做许诺时，传递给孩子的信息都是对孩子能力的怀疑，而不是信任。“如果你能考100分”，潜台词就是“我认为你很难考上100分”。而且，父母的许诺会给孩子带来不切实际的期望，如果许诺周末带孩子去公园玩，但可能周末恰巧有其他紧急的事情，导致无法兑现诺言，这样就会让孩子觉得受到欺骗，失去对父母的信任。为什么也不逼迫孩子许诺呢？当父母要求孩子许诺时，无异于让孩子承认那些没有许诺过的话是不值得信任的。而且，逼迫孩子做出其内心不认可的承诺，等于鼓励孩子的撒谎、欺骗性行为。

第四，允许情绪和愿望，但限制行为；表达权威，但不侮辱孩子。孩子首先是一个活生生的人，有喜怒哀乐，有犯错的可能，父母需要指导、批评孩子，但前提是理解。父母需要限制孩子的行为，但不限制孩子的情绪或愿望。**幼小的孩子想拆掉电脑看看里面究竟有什么奇妙之处，父母要限制他拆电脑的行为，但不要限制他探索的好奇心；孩子在墙上乱画，父母要限制他在墙上画画的行为，但可以提供白纸来鼓励他画画的兴趣。**对不允许孩子做的错误行为，要坚决、清晰地否定、制止，但要表示理解，不刺激孩子的自尊。比如**孩子想去看电影，**直接的回答是：“不能，不是惦记学习，就是想轻松。”可想而知孩子听了这样否定之后的灰心与气恼。**如果父母能说：“你希望去看电影，但我们的约定是‘周末写完作业才可以看’，你可以在周末写完作业去看，可能你不喜欢这样的规定，但当你长大有了自己的孩子，也会理解。”这样说，给了孩子选择权，孩子听起来就容易接受。**

三、特别重视儿童在3—6岁期间的成长环境和家庭教育

幼年时期是儿童整体人格形成的关键期，幼年的经历对儿童的一生有决定性影响，一个人的整体人格在3—6岁的时候基本就决定了。

一个人如果在儿童期受到一次一次的失败、打击和挫折，如果不断遭受来自父母、同伴、老师的嘲讽和指责，就会逐渐怀疑自我的能力，否定自己的价值，在自卑的情结里越陷越深（虽然这些失败和他人的指责不一定是事实）。儿童的行为是其整体人格的表现，整体人格会决定孩子的思维模式和对世界的认知，影响孩子的行为，当整体人格出现问题后，就很难纠正其具体的错误行为。

我们来看一个网络上的案例，一个老师描述了一个孩子的表现：

> 他是我班上的一名学生，入学时六岁零三个月。开始一两天他比较守规矩，入学一个星期后，开始跟其他班上的一些在幼儿园熟悉的孩子全校疯跑，有一次甚至爬到学校板报的墙头上，想往下跳！那堵墙差不多有一层楼高，幸亏被我看见，及时制止，我当时就捏了一把汗。一年级时他经常打架，几乎被所有的任课老师点名批评过。刚升二年级，他又跟同学大闹，弄断了自己一颗新长的门牙。但他似乎还没收敛，他用手抠后座的男孩，弄得人家手上到处是伤痕，掐同学的脖子，扯同桌的小辫子……
>
> 他个子不大，在班里算是偏小偏瘦，语言能力差，跟同学和老师交流多以单字为主。你跟他说什么，他就说“好”；他想跟同学玩，就说“去”，不管人家同不同意就去拉扯人家。到了二年级，他的造句写话能力一般，经常漏字错字。上课好动，喜欢捉弄同学，看别人生气。他喜欢画漫画里的霸王龙等形象，不爱看书，尤其不爱看有字的书。作业质量差，但速度很快，字迹不太端正但有笔力。对于第一次错的字，经过多次纠正他也很难改，还是同样的

错法。读书也如此，第一次读错，以后每次都在同样的地方错。他的语文成绩在班里偏下，数学成绩也偏下，但数学思维还好，多因粗心而错题。他比较怕我这个班主任，在我面前就安静一些，但不把其他任课老师放在眼里。由于他的父母没办法中午接送，他参加我校的午间托管班。在午托班他也经常违反纪律，不是倒菜到人家桌子上，就是打扰别的同学。

他的父亲是货车司机，每个晚上都是八九点才回家，他跟父亲交流比较少，大多数时候是母亲在管教他。母亲是私立幼儿园老师，傍晚六点多才回到家。母亲有轻微口吃，说话能力一般，父亲也是沉默寡言的人。据了解，他小时候在母亲所在的私立幼儿园上学，当时他在幼儿园有点霸道而且独立性差。母亲没有注意早期教育，结果他现在变本加厉。他家跟大伯一家一起住，大伯有一个儿子读四年级，成绩非常差，也非常爱捣蛋。

针对这种情况，老师给家长提出具体建议：

1.跟大伯的孩子分开玩和学习。（他母亲答应了，但不知做得如何）

2.学习书法，克服急躁性格。（坚持了一年，母亲说，他写字帖的时候还写得好，但一离开字帖，写得又快又潦草，性格也没怎么慢下来）

3.让他母亲带着他去看书。（结果他都是粗略翻一遍，根本不知道书里讲了什么，再让他看也是随便翻一次，从书店买回来的书，也大多不看，只喜欢看自己那几本超人漫画书）

4.注重亲子交流，要求孩子每天回去向母亲汇报学校的情况。（效果不明显。因为他母亲回家后还要做家务，孩子也不爱说。有时孩子懒得读课文，母亲还得辅导作业，交流就少了）

5.给予奖励。（一周没有犯错，就奖励，但他还是经常被扣各种纪律红星）

老师自己也想了许多办法：

1.经常找他谈话。（但他的是非观念仍然不强）

2.试着让他做值日小组长。（结果一天就被革职，原因是在教室和其他同学

大闹，多次弄坏班里的公物并予以赔偿）

3.让他跟性格温和的同学做同桌，学习同伴怎么做。（结果他经常把同伴弄哭，以至于对方家长来投诉）

这些办法也很好，但为什么效果不明显呢？

其实，我们首先需要思考的是：如何理解儿童的错误行为？ 或者说如何理解儿童犯错？

阿德勒认为，所有儿童的错误行为只能被理解为他与环境互动的结果，是他们遭遇未曾准备的新环境的结果。 新环境是对儿童准备性的一种测试，如果儿童准备充分，他就会满怀信心迎接新环境。 如果他对新环境缺乏准备，他就会感到紧张，并进而产生一种无能感。 这种无能感会扭曲儿童的判断力，并对环境做出不真实的反应，即这种反应和环境的要求格格不入。 换句话说，儿童在学校的失败不仅仅是由于学校系统的无效，也是因为儿童准备上的缺失和不充分。

阿德勒认为："有语言障碍或与别人有交流障碍的儿童通常缺乏强烈的社会情感，有语言障碍的儿童通常是由于被过分宠爱的缘故。"孩子爱大闹，且有很多莽撞行为，这与他的语言障碍有关。 他不会表达，不会口头交流，只好"不该出手也出手"。 换句话说，他的很多侵犯他人的行动对于他来说可能是一种不得已的交流方式。 为什么他会有语言障碍？ 这与成长环境有关。母亲口吃，父亲也寡言少语，幼儿期阅读贫瘠，孩子在语言发育关键期没有受到充分的刺激。 男孩的母亲又是幼儿园的老师，他在上幼儿园时与其他小朋友相比，受到更多的呵护与宠爱，显得霸道，所以对规则淡漠，行为莽撞。总之，没有为未来上小学做好充分的准备。

在5岁左右，一个人对于世界的观念通常已经确定和固定下来，并在今后的发展中保持着大致相同的方向。 他对外在世界的感知基本保持不变，他受制于自己的观念，并不断地重复他原初的心理机制和产生于这种心理机制的行为。

小学是个“显示屏”，充分展现了早期教育的不足。

刚上一年级，因为小男孩对新环境比较陌生，所以比较守规矩，但这不是他真实的全部，只是因为还不熟悉而已。当稍微熟悉了环境，又有了幼儿园熟悉的伙伴后，原来的认知模式就开始起作用了：全园疯跑，翻墙打闹。因为他有语言障碍，就用各种戏弄他人甚至打架的行为来与小朋友交流；因为他缺乏阅读积累，所以好动，不爱看书，没有培养起专注的习惯。而生活的周围又有一个爱捣蛋、不爱学习的大哥哥无形中充当了小男孩的“自我镜像”，耳濡目染，相互影响，所以成了一个令老师头疼的“问题”孩子。为什么老师和家长的努力效果不明显呢？因为孩子对事物的个体性理解决定着他的成长，如果儿童陷入新的困难处境时，他的行为会受制于自己已经形成的错误观念。

孩子的行为并不是客观的反映，而是受制于他对自己早期经验的无意识的理解。如果他对某一情境产生错误理解，那么这种错误的理解和判断就会决定他的行为。只要这种原初的、童年时期形成的看法没有被矫正过来，那么任何数量的逻辑或常识都不会改变他后来的成人行为。要改变孩子的行为，就要从孩子的认知模式（整体人格）入手，而不仅仅是具体行为。整体人格好了，认知模式变了，具体行为也就会发生变化。

通过分析可以看出，孩子的问题主要有三点：语言障碍，用错误的方式来追求优越，缺乏专注。

要改变孩子错误的认知模式，弥补这三点不足。第一步是努力让孩子喜欢上老师，喜欢上老师的课程，建立融洽的师生关系。在这样的基础上，再开始其他具体的方法，如：

1.对错误零容忍，适度的惩罚，建立孩子的规则、边界感。

2.对学习细致帮助，深度跟进，逐步让孩子在正确的方面体验到成功感、自信，满足优越感。

3.让其他孩子提高抗干扰能力。

4.与父母不断交流，尽可能改变父母的教育方式。

5.营造一个能集中孩子注意力的环境。

6.合理安排孩子写作业和活动的时间。

7.分解学习任务，定量完成。

8.当孩子痴迷于某项活动时，顺应他的需求。

9.跟孩子一起过有规律的生活。

方法措施还可以有很多，但需要指出的是，老师和父母如果没有“相信种子，相信岁月”的信念，如果没有改变自我的认识与行动，总是抱着立竿见影这样不切实际的想法，总是不反思自我而把孩子当成需要治疗的“病人”，就很难真正培养好一个孩子。

通过以上这个案例，我们可以看出如果孩子在3—6岁期间没有受到良好的教育，会对后期的成长产生如何大的影响。

对事实的理解，决定了行为的方向

在我的学习历程中，什么时候是关键的转折点？ 学习发生转变的根本原因是什么？ 这几天，我在阅读阿德勒《儿童教育心理学》时，一直思考这个问题。

回头来看，有两个关键点对我的学习方向起到了决定性的作用：一次是初二时的转学，一次是升高二时选择文科。

一

1991 年，我读初二，因为原先就读的中学管理松散，学风不正，父亲决定让我从离家近的乡镇中学转到五十多里外的信义中学读书，之后，我在那儿一直读到初中毕业。 我主要的学习习惯和品质，就是在那两年奠定的，能顺利考入高中，也取决于那两年的苦读。

信义中学虽然处于偏远的山村，各方面条件都很差（教室窗户都是用废旧纸箱拆开遮挡），但教风、学风浓厚，有一批认真敬业、教学水平高的老师（后来，出了许多校长），教学水平位居全县前列，附近乡镇的许多父母都舍近求远把孩子送到这里就读。

为什么这次转学会成为关键的转折点？ 仅仅是因为到了一所优质的学校吗？ 其实，当时转学的同学也不止我一个，一大批学习不错的同学先后转到优质学校，但学习成绩得以提高，乃至继续深造的也不是很多，甚至还有一些同学，转学前成绩还不错，转到优质学校后，成绩下降，乃至厌学、逃学等。何况，在我转入的班级，也有相当一部分不喜欢学习的同学（当然，班级整体学风是很浓的）。

是因为恰逢一群认真敬业且教学能力强的老师吗？ 其实，原来的学校虽然教学质量低，但也有认真负责、教学能力强的老师，而在转入的信义中学也有刚入职的新教师。

今天来看，父亲当时的一个抉择起了重要作用。 我原先读初二，在转到信义中学后，没有升初三，而是留在初二。 这个选择非常正确，因为新转入的学校学生学习水平整体较高，如果跟着上初三，会非常吃力，即使是留在初二，我努力学习也才勉强挤入班级中上等水平。

转学后的第一次考试，我的成绩在班级中排名前十。 求学的十几年里，大大小小上百次考试，但这次考试有至关重要的作用。

这个成绩并不能影响我，但对这个成绩的理解改变了我。其实，在原来学校时，我的成绩也在前十名。同样的名次，理解不同，结果不同。在原来的学校，大部分同学不刻苦学习，我取得成绩并没有费多少力气，所以也没有产生多么深刻的影响。而现在不一样了，这个成绩是在面对高手如林的同学中努力学习争取到的。这个成绩极大地增强了我的自信心：我也不差！是老师和同学眼中的“优生”。优异的成绩增强了我的荣誉感和价值感，体会到了在班级中的存在感，并对未来充满了信心与希望，进而这种自信心激发我以更大的努力来保持优秀的成绩，乃至向班级更高水平冲刺。

我通过努力获得了优异的成绩，从而极大地增强了自信心，这种心理的微妙变化，是学习转变的根本因素。这就如一辆汽车，虽然轮胎、喇叭、刹车、音响等配置都很高，但要跑得快，核心在于发动机。有了好的发动机，其他要素就能充分发挥作用；如果没有好的发动机，其他要素再好，也起不了作用。

学习也是如此，没有自信心这个因素，其他诸如管理严格、老师水平高等因素就不能有效发挥作用。但自信心从哪里来？父母和老师能尽量创造这种自信心产生的条件，比如给孩子提供各种优质的学习资源，但不等于提供了这些外在因素就必然能产生自信心。这种变化只有学习者本人通过艰苦的努力，取得成功的体验，方能获得。这种心理的微妙转变，只有学习者自己能深刻感受，其他人很难真切体会。所谓的教师专业能力强，不仅指教学水平高，而且指能够通过合适的方法为学生创设产生心理转变的条件，能敏锐地捕捉到学生这种深刻的变化，及时提供鼓励、指导。

其实，每一个孩子都有追求优秀、卓越的动机，但如果在正确的渠道上无法得到满足，就会通过其他不正确的方式来获得，比如打架、逃课等，而我，在当时通过留级并努力取得了不错的成绩，从而在正确的途径上找到了自信，这是多么幸运。设想，如果转学后升入初三，考试成绩一塌糊涂，那么，可能就会进入另一个循环系统：努力，成绩糟糕；再努力，成绩还是糟糕；消极，懈怠；老师批评、不重视，在同学中抬不起头；自卑、厌学……

二

1994 年，高一升高二时选择文科，又是一个转折点。

我虽然在初中学习成绩不错，但升入高中后，发现周围的同学都是和你一个水平，甚至超过你，许多同学无论是智商还是学习刻苦程度都比你优秀。那时，我身高一米七，坐在教室最后一排，上课听不清老师的声音，老师一般也很少关注，糊糊涂涂学了一年，成绩中等。

这个现状不会影响我，但对这个现状的理解会深刻决定我。我感觉到自己是班级中的“无名大众”，看不到什么前途，开始怀疑自己的能力，怀疑未来，在自卑无望中又一次陷入迷茫，学习慢慢懈怠了。

人总是要想方设法追求优秀，找到尊严和存在感。在高中，一切以应试为中心，也不可能通过其他的第二兴趣或特长来唤醒自信心。当时自己也主动参加演讲比赛，担任班干部，在合唱比赛中担任指挥等，但这些行为都是在学习迷失后寻求自我的一种挣扎，在高考的大桥上只是雕虫小技，而不属于主流。

在这种迷茫失落的心态中，我决定扬长避短，选择擅长的文科，丢掉物理、化学两门弱科，增加历史、政治两门强项。一减一增间，为学习心理的变化创设了条件。

调整后的文科班有 82 名同学。第一次摸底考试，刚好那次又没有考数学，我取得了高中以来最好的成绩——第三名。虽然我知道，这不是我的客观水平，如果有数学考试，排名就不是这样了。但这个成绩对低谷中的我犹如打入一剂强心针，为心灵注入了强大的信心和力量；犹如一束投射来的光芒，照亮已经黯淡的灵魂：我原来并不差。

“我还是可以的，我要努力，我有成功的可能”，这种强大的信心激发出了巨大的学习动力和潜力，那时候，才真正将“刻苦勤奋”“废寝忘食”“挑灯夜战”“不耻下问”等这些名词化为动词。幸运的是，又遇到一批优秀的老师和同学，在如此环境下，两年后的首次高考，我拿到了高校录取通知书，虽然不是很满意。

三

而今回头来看，很庆幸自己在两次低谷或危机时，在无意中做出了正确的选择。这两次选择带来了优异的成绩，而我对这个成绩的理解和认识，让我摆脱了自卑与沉沦，激活了信心和勇气，带来了光明和希望，增强了兴趣和动力。

其实，**许多所谓的“差生”，他们从根源上也不是不想上学，只不过是在遭遇一时的成绩差或其他挫折后，不能正确认识、及时摆脱这个现状，从而逐渐失去了学习的信心和勇气。**心理学家阿德勒说：“（许多坏孩子）他们之所以不想上学，是因为他们追求优越的心理非但没有成功地转化为学校的要求，反而对学校的要求抗拒。于是他表现出一系列相应的行为特征，逐渐陷入无可救药的地步。他越来越乐于当一名小丑，捣蛋戏谑，引人发笑，甚至有时候还会招惹同学、旷课逃学，与社会上不三不四的人打成一片。”

有教育专业能力的父母或老师会善于利用一切机会为沉沦的孩子重塑对未来的希望和信心。诚如苏霍姆林斯基所言：“教师确实要善于在每一个学生面前，甚至是最平庸的、在智力发展上最有困难的学生面前，为他打开精神发展的领域，使他能在这个领域里达到顶点，显示自己，宣告大写的‘我’的存在，从人的自尊感的泉源中吸取力量，感到自己并不低人一等，而是一个精神丰富的人。……如果一个人不能宣告自己的存在，不能在人类心灵的某一个领域里成为主宰者，不能在活动中和成就中(这一点尤为重要)确立自己的地位，如果他没有感到自己作为一个创造者的自尊感，如果他不能自豪地抬起头来走路，那么，所谓个性就是不可思议的。”但很多父母、老师认识不到：孩子是因为失去信心，才学习懈怠，才成绩落后；只看到孩子不刻苦、成绩落后的表象，反复训斥批评其不完成作业，在孩子不愿学习的情况下强迫他参加各种补习班等，作用当然微乎其微。

看法会影响行动，行动能决定目标。“决定行为方向的是我们对事实的看法，而不是事实本身。”阿德勒这句话对我触动非常大。信心对于孩子的学习非常重要。在孩子成长的阶段，就要不断给孩子创造成功的体验。其秘密就在于，这种成功的体验会给孩子的心理产生潜在的、积极的暗示：我能行，我很棒。这种心理暗示会让孩子产生“我不甘落后，我希望做一个成功者”的愿望和行动。至于孩子是不是真的很棒，反而并不是最重要的。很多时候，你信什么，就会成为什么。在孩子暂时遭遇挫折、失败后，更要激励孩子的信心，让其正确评价、认识眼前的失败，明白一件事的失败，不等于生命的失败。要在失望中看到希望，在挫折中增加信心，只要希望之火不灭，只要内心还认为“我是很棒的”，孩子的未来就有无限的可能性。

这种认为“我能行”的心理，是学习之路上最宝贵的财富。教育孩子如此，自我成长亦如此。

四

当然，我主要分析了信心在学习中的核心作用，但不等于其他要素不重要。就如一辆车，发动机再好，如果没有汽油也无法行驶。良好的学习状态，不是一个或几个因素就可以机械决定的，它取决于一个良好的系统。

我也在思考，为什么许多曾经学习优异的同学，并没有升入理想的学校深造？ 为什么许多很自信的孩子，学习成绩也一般？ 等等。

这些都需要放置在一个系统中细致分析，需要借助其他理论来理解，比如自卑与超越的关系，比如良好家庭的影响等，甚至有时候一些非人为能控制的意外情况，会对孩子的学习造成决定性的影响。 但不管如何，要想在学习上保持一个良好的状态，必须重视这个良性循环的系统，这个系统可以用干国祥老师概括的“苏霍姆林斯基教育学循环”来精炼概括：“生命在劳动/学习过程中克服困难、获取成功，进而获得高度的自我感受（自信、自尊），以及责任感、意志力和渴望再度通过学习、通过克服劳动/学习中的困难而获得幸福的动机。”

这就是说：没有从精神生活和智力活动中克服困难、获得成就，就不可能拥有一个人的自尊、自信和对劳动/学习的渴望。 没有一个人的自尊、自信和对劳动/学习的渴望，就不可能从精神生活和智力活动中克服困难、获得成就。

如何理解懒惰现象

干国祥

阿德勒关于懒惰孩子的描述，事实上已经与他的“超越心理学”有了一定的冲突，而与我所讲的生命在环境中求得“适然”更为吻合。 生命总会以最小的代价来取得最大的适然，所以，懒惰几乎就是人的一种天性——以最小的力量来求得适然，让自己处于适然的状态。

而我们指责某些孩子以及成人“懒惰”，并不是因为他们流的汗水比别人少——出力少而成效好，我们视为聪明，是应该追求的状态，这与生命的上述原则也相符合。我们指责人懒惰是因为他们是“寄生的”，不自主的。对于孩子来说，我们因为确切知道他们不可能在寄生状态下活一辈子，所以这种寄生状态会让成人非常焦急。也就是说，懒惰，只有与无能结合在一起时，才被视为真正的懒惰。

对一个“失败”的孩子，我们得知道，“失败”的原因有多种，除了偶然的失利，还可能是因为懒惰，可能是因为愚笨，也可能是因为既懒惰又愚笨。事实上是源于何种原因是一回事，哪种归因会改善情况，哪种归因会让情况恶劣，这是另一回事。我们这里主要讨论的，是不同的归因和它们的不同的效果。这里涉及心理学上的“归因理论”。

对一个“失败”的孩子，我们批评教育时采取何种归因有益于他的进步？是批评其勤奋但不够聪明，还是批判其聪明但懒惰？不同的归因会带来怎么样的后果？这些，还需要更深入的考虑。

被成人说成是“聪明但懒惰”确实是一把孩子失利时可以安然躲在下面的保护伞，因为这把伞让他不太难受。但如果失去了这把保护伞，失败的孩子可能没有信心面对这个世界。因为当我们说一个孩子是愚笨而不是懒惰的时候，这等于是对一个孩子判了“死刑”（愚蠢不可救药）。而说他懒惰，哪怕是判了“无期徒刑”，也仍然有赦免的可能。

他在责骂中仍感到适然的，是因为这是对他生命的一种相对的肯定。同时，他也确实会因避开了真正的问题而心存侥幸。但是，这并非是他满心期望的，事实上，在这样的处境下，他仍然有不同程度的焦虑与恐惧，他知道他必须证明，他不能靠“聪明但懒惰”的标签生活一辈子。

因为聪明的标签让他拥有最后的一线生机，一点尊严，所以他所要做的一切，首先不能破坏这个标签。 这个标签会让他陷入这样的悖论：他会在人前比以前更加不努力，但他会在人后更加努力。 因为如果他在人前表现得很努力，但最终成绩不够理想的话，那么他等于是用自己的行动证明自己并非“聪明但懒惰”，而是“勤奋而愚笨”，这是非常危险的，他不敢轻易冒这个险。但是他同样知道，如果不是最终用什么来证明自己，他“聪明”的头衔是不可能一劳永逸地拥有的。 所以，或者是偷偷地用功，或者是在另外的方面发展自己，体现自己的一点聪明。 一句话，他既不愿意丢掉聪明的赞誉，又想努力证明自己配得上这个赞誉。

但是我们知道，他的失败主要不是因为懒惰，也不是因为愚笨，而是因为他事实上遇到了自己一个人还不能解决的困难，而且这困难以他的基础来看并不是绝对不能解决的（这也是我们说他聪明的原因），现在，他需要的就是有人帮助他克服困难，证明他确实是聪明的。 如果成人适当地给予他必要的帮助，让他赢得了胜利。 那么这时候懒惰之症就会自然而然地消失，他会空前地因为成就而变得勤奋起来。 但是，只要没人帮助他克服眼前的困难，他就宁愿躲在“聪明但懒惰”这个较好一点的伞下而不愿意冒险去变得勤奋，因为那样他就有可能被判“死刑”。

从仅仅着眼于归因理论，而不是从认知的角度来考虑学生的学习，这是不是因为我们太注重孩子的态度，而不够关心事情本身呢？ 是不是我们的教育把儿童态度当成了中心，并进而制造出问题，而忽略了对事情、知识本身的更本真的投注呢？ 当成人和教师本身置身于学习、劳动之外的时候，这样的情况就会发生，但是，当他们本身也置身于其间的时候，这样的情况就不会发生。 在成人也置身于其间的时候，我们往往更能够以事情本身的逻辑来评价具体的行动。 也就是说，如果师生、亲子是共同置身于伟大事物的探究，那么成人就会比较敏锐地觉察儿童学习困难和学业不良中的实质问题——认知障碍，进而准确地对症下药，帮助儿童排除认知困难，赢得他渴望的尊严。

请记住：症结不是懒惰，不是愚笨，而是认知上实实在在的困难。惩罚和批评可以医治懒惰，但是不能医治认知上的困难。

但是，在忽略认知事实这个前提下，在仅仅限定于讨论归因及评判学生上，我们可以得出这样一个结论：与其说儿童勤奋而不够聪明，永远不如说儿童聪明但是懒惰。因为如上面已经论述，这样的孩子需要的只是一次成就。意外地成功也罢，一个不再只是严厉地批评，而是实实在在帮他克服困难的老师也罢，他一旦克服了障碍，获得了成就，那么前面所有“聪明”的评语，他都会努力去兑现。所以，请记住：**千万不要对孩子说天性不聪明。而说他聪明但懒惰的评语，虽然本身不能解决问题，而且会导致问题解决的延滞，但是，它仍然保留了问题解决的可能。**

所以，我们的结论是，当一个学生学习成绩不佳时，解决方法：首先帮助他解决实实在在的学习困难，赢得成就；其次归因于不够勤奋，但表扬他聪明——然后尽可能用跟进的办法，弥补“不够勤奋”；再次是归因于方法不当（一种降低程度上的愚笨论）；再次是归因于智能不适（即此方面的愚笨）；再次是归因于环境，如老师教得不好（外在归因劣于内在归因，但伤害性也较小）；最后最严重的归因，就是责怪其天性愚笨不可救药，这等于判了一个儿童精神上的“死刑”。

后 记

2012年至今，我在新教育网络师范学院先后承担了讲授教育学、心理学课程的任务，带领数百名一线中小学教师研读怀特海的《教育的目的》、博尔诺夫的《教育人类学》和阿德勒的《儿童的人格教育》三本书。

在此之前，我并没有选修过这些课程，只是知道这些书能被纳入课程，一定有其重要价值。所以我想通过承担讲师职责，给自己点压力，用“教”的方式来达到“学”的目的。故在第一次研讨时，我在课程群中向学员老师们开诚布公地说：“我也是初学，讲的不对的地方请大家见谅，欢迎大家多批评、指正。”

为了主持好课程，我仔细研读了以往讲师讲课时留存的所有授课资料，进行了第一轮的研读和批注。正式开课后，我又进行了一轮研读。每次授课前，我从中国知网下载相关论文学习，同时对即将讨论的内容反复阅读，直到对教材内容滚瓜烂熟，才敢授课。一学期七次研讨后，虽然授课任务完成了，但对这些经典书籍仅仅是熟悉而已，在实践中还不能有效运用。为此，我又多次主持课程，薄薄的几本书翻了又翻，看了又看，书上被批注的“面目全非”，每一次主持都有新的理解。

几年时间的啃读，边学习边运用，逐渐加深了对教育理论的领悟，深感这些教育理论对教育既有深远的意义，也有重大的现实价值。进一步想到，广大中小学老师如能真正吸收这些理论观点并运用到实践中，必将促进教育教学质量的提高。

2015年，谟祯（贾卫平）兄建议，可不可以将课程讲义整理出版。我颇为犹豫：一是让我解读这经典之作，总觉得水平不够，担心误读经典，误导读者；二是我对这些书的理解，主要是建立在干国祥、魏智渊老师的解读之上，可以说如果没有他们的解读，我不可能理解这些书。

后来，谟祯兄专门在网师议事会开会讨论出版专著的问题，征求了干国祥、魏智渊老师的意见，征得了同意；就相关版权问题进行了讨论，并拟定了出书相关规则。

而今，在书籍出版之际，要特别申明一点：这本书是在干国祥、魏智渊两位老师负责新教育网络师范学院时我主持课程的研究成果，干国祥、魏智渊老师起了基础性和方向性作用。如果解读有一定的质量，与两位老师的解读分不开；如果有不足之处，我应该负全部责任。

大恩不言谢，但还是要深深感谢干国祥、魏智渊两位兄长。两位兄长是我生命中的“重要他人”，他们对我人生转折的影响，对我专业发展的引领，对我为人处世的启发等，都是一言难尽的。

感谢谟祯兄，没有他的鼓励、牵线搭桥，我就不可能有写作此书的念头。

感谢与我一起学习的老师们，在主持研讨的几年时间里，与其说是我指导大家阅读，不如说是大家陪着我啃读、学习。大家的认可给了我最大的动力。其中，吕诗凡老师作为组长全程参与，高质量完成每次资料整理及相关工作；绚之平淡（孙影）老师多次帮忙从中国知网下载资料；佳人拾翠（胡欣慰）等老师给予我很多启发，春风化雨、栀枝子（网名）等老师提供了案例。

感谢大象出版社梁金蓝老师给予的认可和鼓励，作为编辑为此书做了大量幕后工作。

写作是一项需要真正安静沉潜、心无旁骛才能做好的事，感谢我的爱人对我的理解和支持，在写作过程中她分担了大量家务活，并不断鼓励我。

经典的作品思想博大精深，丰富深邃，受学识和能力所限，我的解读可能挂一漏万，甚至还有偏差；经典作品只不过是在某一个方面触摸到了真理，但不能说经典就是永恒的真理，所以，也不要因为是经典就完全迷信。

希望此书能给您阅读经典提供一些指引，希望这本书能为您的教育教学实践带来启发。 如果您能发现哲人思考的不足，或者发现我的解读有不当，都欢迎您指出、质疑和批评。